植物生活
NOTHING
BUT
FLOWERS

A COMPILATION OF
FLORAL WREATHS

フラワーリースの見本帖

植物生活編集部　誠文堂新光社

prologue

はじめに

一年を通しての四季の移り変わりを、花々の美しさで表現するフラワーリース。この魅力的な花のアレンジメントは、自然のリズムを感じさせてくれます。現代では、クリスマスリースに限らず多種多様な花を使用して、いつでも美しいフラワーリースを作ることが可能となりました。その結果、デザインの可能性は無限大に広がっています。

生花を用いるだけでなく、ドライフラワーやアーティフィシャルフラワーを使うことで、フラワーリースは周年で楽しむことができます。本書では、作り方や、デザインを「見本帖」として紹介しています。

ウェブサイト「植物生活」に参加している 33 人のフローリスト・アーティスト・デザイナーが生み出すデザインと、その発想をご覧いただき、フラワーリースの新たな一面を感じていただければ幸いです。

contents

CHAPTER 01

植物生活 technical works

CHAPTER 02

植物生活 originals

CHAPTER 03

植物生活 individuals

本書の上手な使い方

※お気に入りの作家が見つかったら、作品は、p.222 からの
作家紹介にて逆引き検索できます。

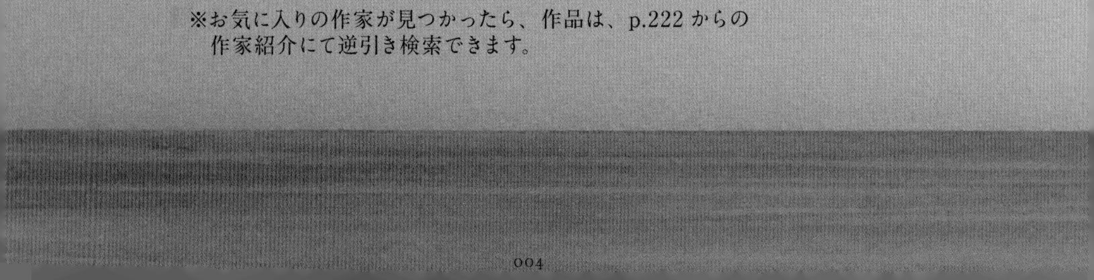

植物生活

CHAPTER 01

technical works

フラワーリース作りは、自然のリズムと感性が交差するプロセス。一つひとつの花をほどけないようにアレンジし、ほかの花と調和させる美学、それぞれの花が最も輝くポジション、全体のバランスへの配慮。これらが重要なポイントとなる。オーソドックスなリースから、人気のスタイルまで、代表的な作り方を紹介。

wreath technical works 01

ドライフラワーになる素材で作るリース

recipe ; 制作・レクチャー・高橋 繭　mayu32fd

花材・資材

スターチス３種／宿根スターチス／センニチコウ／ユーカリ／アカシア‘プルプレア’／リューカデンドロン／リースベース／麻ひも

01	02
03	04
05	06

01. 花材をすべて 7 ～ 8cm にカットする。

02. リースベースは直径 15cm、麻ひもは枝などにしっかりと巻いてコイル状にしたものを用意。リースベースに麻ひもを結ぶ。麻ひもの片端は 15cm ほど余らせておくこと（壁に飾るためのひもにするため）。

03. 花材を数本手に取り、リースベースに配置し、切口から 2cm ほどのところを麻ひもでしっかりと巻く。巻き終わりの枝を隠すので、葉先のきれいなものを使う。

04. 麻ひもの結び目が隠れるように花材を 3、4 本を重ねて巻き留める。ベースの外側や内側も隠れるように意識しながら。

05. 花材や色のバランスを見ながら 3、4 本ずつ巻いていく。できるだけ花材の太さや高さが揃うようにすると良い。

06.1 周したら最初に巻いた花材の下に巻き終わりの枝を隠して、麻ひもをしっかりベースに結ぶ。**02** で余らせておいた麻ひもと結び、吊り下げ用の輪を作ったら完成。

ツル性植物の鳥の巣リース

recipe ; 制作・レクチャー・齊藤哲裕

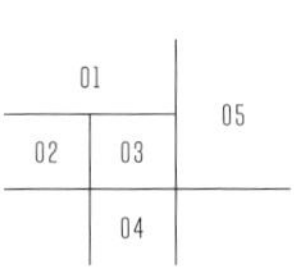

花材・資材

ツルグミ／ホロホロ鳥の羽根／ラグラス／ハス（実）／チランジア・ウスネオイデス／ヘクソカズラ／リースベース／グルーガン／コイルワイヤー

01. ツルグミとリースベース、道具などを用意する。

02. リースベースのワイヤーにツルグミを絡めながらコイルワイヤーで巻き留める。

03. ツルグミの葉の向きが一定の方向を向くように注意してベースを完成させる。

04. ホロホロ鳥の羽根、ラグラス、ハスの実、チランジア・ウスネオイデス、ヘクソカズラをツルグミのベースにバランスよく配置してグルーガンで留める。

05. ツルグミの葉を整理して完成。葉も落ちずこのままドライリースになる。

ナチュラル素材のハーフリース

recipe; 制作・レクチャー・VOICE OF PLANTS

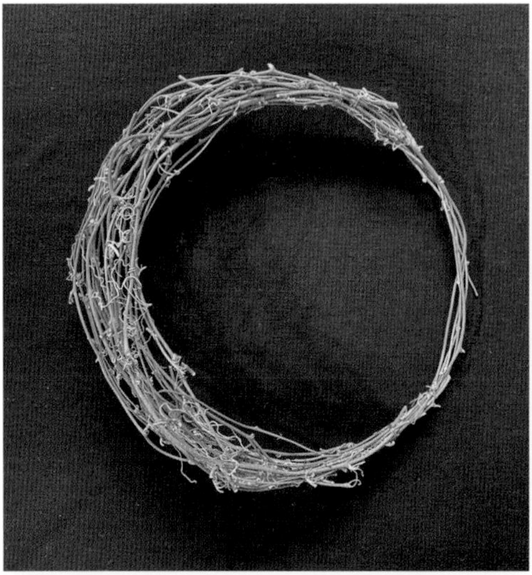

01. 花材はすべて20cm程度にカットしておく。サンキライバインでベースを作る。サンキライバインは所々ワイヤーを巻いて固定。幅の広い部分は立体的に仕立てる。

02. 幅の広い部分の中央に、ブルニアなどのメインの素材を高さを出しながらグルーで接着する。アウトラインを描くように、細長いグリーン素材もグルーで接着していく。

03. 中央から端に向かって徐々に角度をつけながら、ほかの素材で隙間を埋めていく。

04. 断面がドーム型になるイメージで素材の高さ・向きを決めながら作ると美しい形になる。

01 02 03 04

花材・資材

グレビリア／宿根スターチス‘カスピア’／ルスカス／ブルニア2種／ニゲラ2種／セタリア／シャーリーポピー／サンキライリース／ワイヤー／グルー

wreath technical works **04**

香りを重視したリース

recipe ; 制作・レクチャー・nico ニコ

花材・資材

ゼラニウムの葉／スイートピー（ ノーブルレット、シャビーパープル）／パンジー／レースフラワー‘ダウカス’ ／ヒヤシンス／リースベース／ワイヤー

01	02	06
03	04	
05		

01. しっかりと吸水させたリース型のフローラルフォームと花材を用意。花材はスイートピーを5〜6cmくらい、ゼラニウムの葉を8〜10cmくらいにカットしておく（ゼラニウムの葉は完成時に花からちらっと顔を覗かせるよう少し長めにする）。立体感を出すため、スイートピーは濃いピンクと薄いピンクの2種類を使用する。

02. ゼラニウムの葉をフローラルフォーム全体に少し高低差をつけてバランス良く挿していく。

03. スイートピーをフローラルフォームのリース形に沿うように挿していく。ヒラヒラしたスイートピーの柔らかさが伝わるように、少し高低差をつけて挿していくと自然な動きが出せる。

04. 色違いのスイートピーも03.と同じように挿していく。

05. パンジー、ダウカスなどはスイートピーの間にバランス良く挿していき、ヒヤシンスは少量をアクセントとして配置。ヒヤシンスはワイヤーで補強してから挿すとアレンジしやすい。すべての花をバランス良く入れる。

06. 完成。真ん中にキャンドルを置いてキャンドルリースとして楽しんだり、壁やドアに掛けたりしても素敵。

wreath technical works **05**

木の実リースの作り方

recipe ; 制作・レクチャー・toccorri

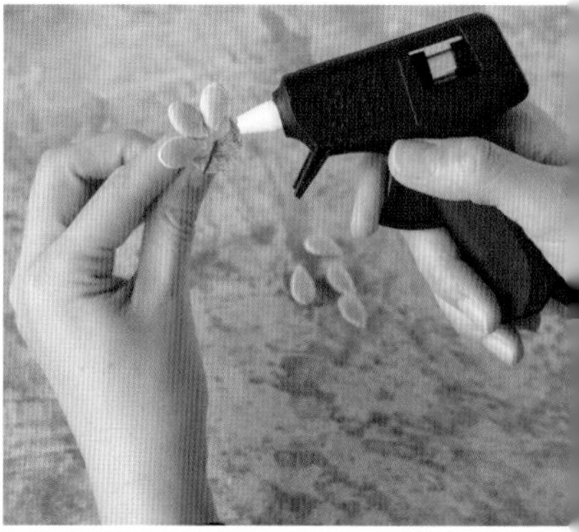

01. 素材を準備する。メインの花を作るためのカボチャの種子とマスタードシード、メイン以外の副素材はハッカクやシナモン、クローブなどのスパイス、ブナやワタカラなどの木の実やドライを用意。装飾のためのビーズやブイロンワイヤーもあると尚よし。すべてにワイヤリングをするため #26、#28 の地巻きワイヤーも準備。

02. メインの花を作る。コルクを輪切りにしたものの中心にワイヤーを挿し、カボチャの種を花びらに見立ててコルクの外周にグルーで固定していく。花びらができたら花芯部分にボンドを流し込み、マスタードシードをボンドに被せるように貼り付ける。ボンドが乾く前に花芯の部分を丸く整え、しっかりと乾燥させる。

03. すべての素材にワイヤリングをする。準主役となるハッカクなどのスパイスやブナなどの木の実（写真右側）は、ワイヤーにビーズやブイロンワイヤーを通してからワイヤリングすると装飾も同時にできる。ヤシャブシやメタセコイア、マツカサなど（写真左上）は、メインを下から支える役割を担うため装飾せずにワイヤリングのみ行う。大きめの素材は #26 を、小さめの素材や形の崩れやすい素材には #28 の地巻きワイヤーを使う。

04. リースを組む。ワイヤリングした素材を1本ずつリースベースに添え、リースワイヤー

01	02	05
03	04	

花材・資材

カボチャ（種子）／マスタードシード／コルク（2㎜ほどの輪切り）／ハッカク／シナモン／クローブ／ブナ／カシュリナ／ワタカラ／ユーカリ‘アンバーナッツ’／ビーズ／ブイロンワイヤー／ヤシャブシ／メタセコイア／マツカサ／グイマツ／ #26 ワイヤー／ #28 ワイヤー／リースワイヤー／フラワーテープ／リースベース（ここではφ 12㎝）／グルー／麻ひも／木工ボンド

を2周程度回して巻き留めていく。装飾している素材はリースの正面を向くように、ワイヤリングのみの木の実は下から装飾素材を支えるようにする。できるだけ素材と素材が密集するように、立体パズルのように配置を考えつつ組むと仕上がりが美しくなる。リースベースにはあらかじめフラワーテープを巻いておくと組みやすい。

05. 組み終わりが近付いてきたら、ワイヤーを組み始めの根元部分に差し込みながら、できるだけきれいにつながるように組む。難しければ最後の部分はグルーで固定しても良い。リースが丸く繋がったら、麻ひもなどで壁掛け用のフープを付けて完成。

フライングリースの作り方

recipe ; 制作・レクチャー・NP

01	02	03	
04	05	06	09
07	08		

花材・資材

サンキライ／アカシア‘コベニー・ブルーブッシュ’／ユーカリ‘ポポラス’／ルリタマアザミ‘ベッチーズブルー’／フィリカ‘プルモーサ’／ルナリア（ドライフラワー）／スカビオサ／‘ステンクーゲル’／チェーン／ワイヤー／グルー／リボン

01. サンキライを巻いたリースの土台、吊るすためのチェーン、ハサミ、ワイヤー、グルーガン、グルースティックを用意する。吊るすものはリボンや紐などでも良い。

02. 花材を適度な長さに切り分けておく。

03. 土台にチェーンやリボンを付け水平になるように固定し、吊るす。

04. アカシアを土台の隙間に挿していく。リースの上下や横、内側の、視覚から見た時のバランスを意識しながら花材を入れていく。

05. ポポラスリーフを入れる。長いものや短いものをミックスしながらリースの隙間に挿していく。

06. ルナリアを入れる。枝が細いものはグルーを使って土台に固定する。

07. グルーなどを使って細かい花材を付けていく。リースを見る目線に合わせて、リースを裏返しながら付けると良い。

08. サンキライを垂らす。リースの下側から入れてチェーンやリボンに引っ掛け、固定する。

09. 好きな場所に吊るして、完成。

ナチュラルキャンドルリースの作り方

recipe ; 制作・レクチャー・hiromi

01	02	08
03	04	
05	06	
	07	

花材・資材

アセビ／コデマリ／ユキヤナギ／ユーカリ／ゼラニウム／チョコレートミント／エンドウマメ／ストック 2 種／アネモネ／パンジー／スカビオサ／フリージア／ニゲラ／アストランチア／スイートピー 2 種／ラケナリア／ラペイロージア／ワイヤー／キャンドル／リース型フローラルフォーム（φ 20cm）

01. 花材はあらかじめ適宜カットしておく。花材、リース型フローラルフォーム、花ばさみ、キャンドルを用意する。

02. 吸水させたフローラルフォームにグリーンを外側から時計回りに挿していく。グリーンは密集させすぎずに空間をとりながら、長さは変化をつける。葉の先端がテーブル面に少し触れるイメージで。

03. 内側と上面にも挿していき、おおまかにリースのベースラインを作る。

04. ベースラインを元に本数の多い花を挿していき、大きめの花は早めに配置を決める。メインとなる大きめの花は（ここではアネモネ）3 本用意し、三角形になるように配置するとバランスがとりやすい。花は上面だけでなく、外側、内側にも挿し、どこから見ても隙間がないようにする。

05. 残りの花材を色・形を見ながらバランスよく配置していく。パンジーなどの茎が柔らかい花はワイヤリングして補強すると挿しやすい。

06. 真上、外側、全体を確認し、花の表情や形を整える。テーブルリースの完成。

07. キャンドルをリースの真ん中に設置してキャンドルリースにアレンジ。

08. キャンドルに火を灯す。長時間火をつけたままにしないように気をつけること。

季節の花のフレッシュリースの作り方

recipe ; 制作・レクチャー・ルフルロン 中本健太

01	02	06
03	04	
05		

花材・資材

クリスマスローズ／アストランチア・マヨール／ニゲラ／スカビオサ／アルテルナンテラ‘アルテミス’／オレガノ‘ケントビューティ’／ラグラス／銀葉ミモザ／ヘリクリサム‘コルマ’／スプレーブルニア／ヘデラベリー／ユーカリ／ビバーナム・ティナス／ベニマルツゲ／ロフォミルタス／ドドナエア／リースベース／ワイヤー／ニッパー

01. 季節の花、葉、実、資材を用意する。

02. 花材をそれぞれ 8cm 程度にカットする。

03. カットした花材で小さなブーケ（花材 10 本程度）を束ねる。完成を想像しながらリースベースのまわりに並べ、色やボリュームのバランスを確認する。

04. 小さなブーケをリースベースに一つずつワイヤーで巻き上げる。

05. 色、形、ボリュームを調整しながら、小さなブーケを連続して巻き上げていく。

06. 完成。

幸運を呼ぶ馬蹄形リース、ホースシュー

recipe ; 制作・レクチャー・hourglass 山下真美

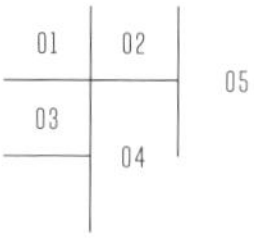

01. 花材は数本ずつ、ワイヤーで束に固定する。あらかじめ花材を手のひらサイズにカットし、いくつかの花束を作っておく。リースワイヤーを使用し、花材を数本ずつベースに直接巻いてもよいが前もって束を用意しておくと作業しやすい。

02. U型のリースに花材を巻き付けていく。アシンメトリー形リースなので左右非対称のため、左右で長さやボリュームを変える。まず向かって右の長い方の先端から、花束を巻き付けていく。先端にはや

花材・資材

ヒムロスギ／コニファー（ブルーアイス、ブルーバード、ブルーヘブン）／ユーカリ（グニ、ポポラス）／コアラファーン／ダスティミラー／チランジア・ウスネオイデス／宿根スターチス／エリンジウム‘シリウス’／リューカデンドロン（ジェイドパール、アヨバスターパール、ヒューベセンス）／ネベリア‘クラスタースター’／コットンフラワー／サンキライ（実）／ノイバラ（実）／クルミ／ワタカラ／スターアニス／マツカサ／シダーローズ／ピンクコーン／シープヘッド／ロープリボン（ゴールド）／皮の端切れ（グリーン）／ペンチ／リースワイヤー／細いリースワイヤー／ワイヤー／グルーガン／生花用グルー／リース（U 型）

や細長めの花束を選びワイヤーで巻き付け、上にいくにつれ幅と厚みが出るように巻き進めていく。花束だけでは足りないところには花材を足して形を整えながら作る。

03. 3分の2ほど巻いたらワイヤーを一度カット。次に向かって左の短い方の先端から同じように巻いていく。

04. グリーンメインのリースベースができあがったら、ほかの花材や実もの、リボンを付ける。生花用グルーを使い、リースにプラスしてバランスよく仕上げる。中心に大きな実や目立つものを配置するとバランスよくきれいにできあがる。グルーガンだけでは抜け落ちそうな大きな実や重めの花材などにはワイヤーを使い、巻き付けてリースから落ちないようにしっかり留める。

05. 壁に掛けるフックをワイヤーで作り、リースに取り付けたら完成。ゴールドリボン、赤い実を使い、クリスマスらしさを演出。ところどころ凹凸を出すとよりナチュラルな雰囲気になる。幸せを受け止め溜め込むという縁起物としてヨーロッパでは古くからお守りとして知られている馬蹄。逆U字に飾ると不幸を振り落とすといわれる。左右対称でも、アシンメトリーでも、好きなU字に仕上げてみて。

A COMPILATION OF

FLORAL WREATHS

植物生活

CHAPTER 02

originals

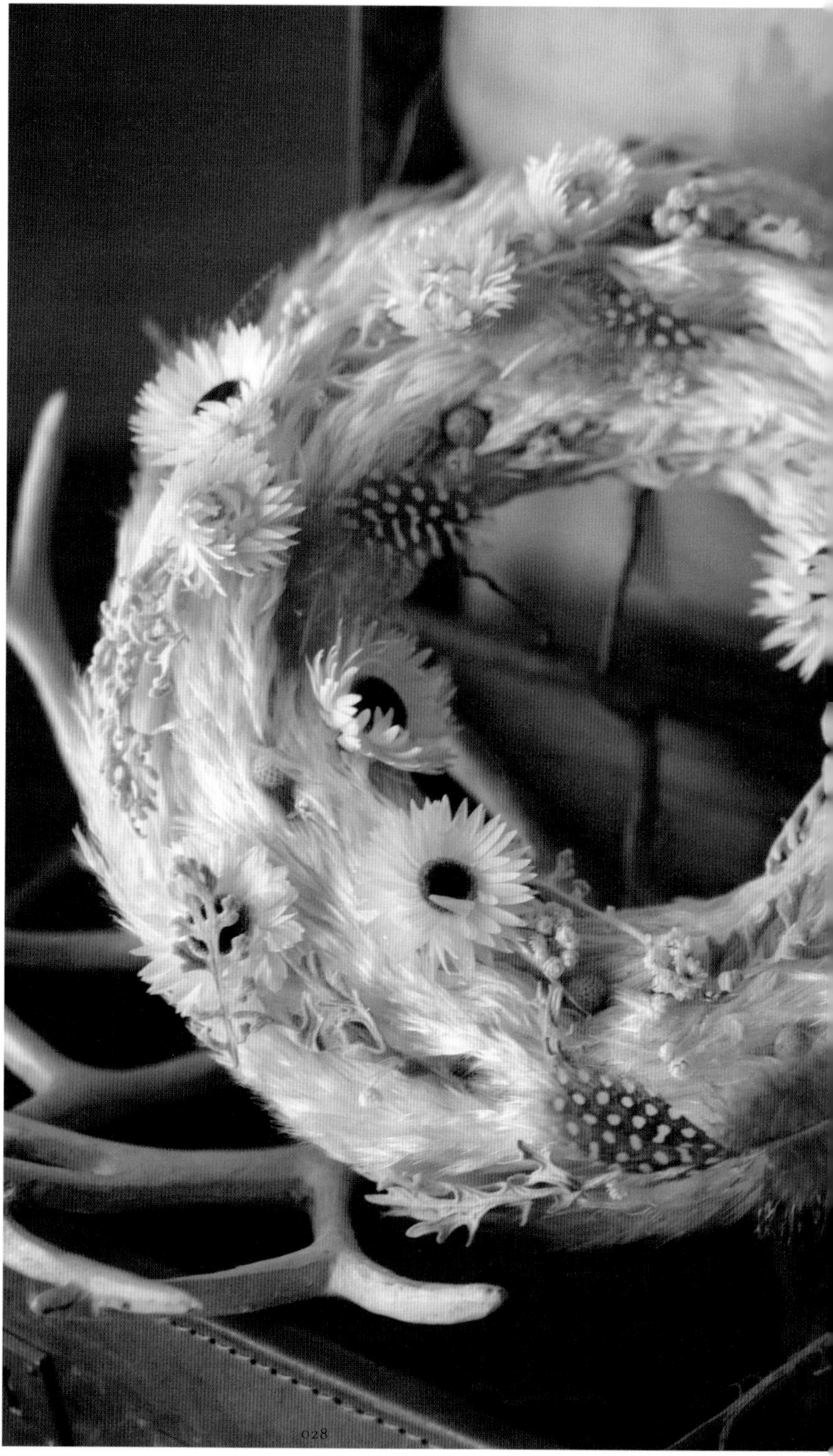

フラワーリースそれぞれの形

四季折々の花材で形作られた個性的なリースの数々。
33人の作家が、デザインと素材の相性を考えながら作りあげ、
フラワーリースの新たな可能性を探る。

絵画を飾るように

recipe ; 制作・深川 瑞樹 ハナミズキ / 花と枝葉

絵画を飾るように植物を愉しむ。立体的な造形は、見る角度によっても印象を変える。額装によってその存在はより鮮明なものになる。

花材　流木／ニゲラ／スターリンジア／ユーカリ‘コニカルガム’／オーストラリアンデージー／シャーリーポピー／ゴアナクロー／クラスペディア

季節や シーンに合わせて

recipe ; 制作・深川 瑞樹 ハナミズキ / 花と枝葉

移ろう季節は冬から春へと変化。雪解け、白い冬の名残と春の始まりを予感させるイメージで。

花材
流木／ニゲラ（ブリーチ）／ユーカリ・グロボラス（ブリーチ）／シャーリーポピー／スターリンジア／ペッパーベリー／オーストラリアンデージー

シルバー&ピンクのフライングリース

花材

ユーカリ（グニー、ポポラス）／宿根スターチス／ダスティミラー‘シラス’／アストランチア／クリスマスローズ／ペッパーベリー／チランジア・ウスネオイデス

recipe ; 制作・hiromi

ユーカリやダスティミラーの銀葉にリモニウム、アストランチアのピンクを加え、アンティーク調の優しい印象を出しながら、花材の配置により統一感を出した。飾る空間に似合う色を選ぶことが大切。ドライになっても色が残る点も魅力的。

春色の寄せ植えアンティークリース

recipe ; 制作・西口 晶代

根付きの花を組み合わせ、シックなカラーでまとめた春を待つアンティークカラーの寄せ植えリース。斑入りのジャスミンがリース全体の動きと花の優しさを引き出している。パズルのように植え込んだ花束と数種類のリーフが繋がりを持ち、季節が終わるころまで楽しめる長持ちのリースとなる。

花材　プリムラ／ビオラ／ネメシア／斑入りジャスミン／タイム／斑入りキンギョソウ

秋色ムーンリース

recipe ; 制作・HANARA

秋を思わせるアンティークカラーのアーティフィシャルフラワーをふんだんに使ったムーンリース。直径約 35cm と大きめサイズで、外玄関に飾っても存在感がある。きれいな三日月形にするために大きめの花材は中心に、細かい花材は先端に配置した。

花材	バラ／アジサイ／フィリカほか（アーティフィシャルフラワー）

刻《とき》を楽しむリース

recipe ; 制作・華屋・リンデンバウム 眞木 香織

ミモザやフィリカのベージュ系カラーに実ものを添えたアンティーク調リース。花材をランダムに麻ひもで紡ぎ、壊れやすいペッパーベリーやユーカリの実をアクアグルーで貼り付けて制作している。

花材

グレビリア'アイバンホー'／真珠葉ミモザ／フィリカ／ペッパーベリー／センニチコウ／クラスペディア／ユーカリ'コニカルガム'／宿根スターチス／オーストラリアンデージー／サンキライ

それぞれの違いが調和する

recipe ; 制作・ルフルロン 中本 健太

繊細でたくましく、しなやかに強く。みんなそれぞれ美しい。硬い質感のものと儚げな素材とをうまく調和させた、形状の違う植物の魅せ方。

花材

プロテア（ロビン、ナナ）／セルリア‘ブラッシングブライド’／フィリカ／宿根スターチス／スモークツリー／ビバーナム・ティナス／アカシア‘パープレア’／グレビリア‘アイバンホー’／ユーカリ（ニコリー、ベルガムナッツ）／ヒエ‘フレイクチョコラータ’／ウーリースプーン

新しい船出にエール

recipe ; 制作・深川 瑞樹 ハナミズキ / 花と枝葉

新しい場所で新しいことを始める友に贈るためのリース。イエローのイメージで、実や小花を集め、流木のアクセントで落ち着いた雰囲気と期待感を表現した。

花材

流木／クラスペディア／コンパクタ／ドライアンドラ‘クエルシフォリア’／ニゲラ／シャーリーポピー／ユーカリ（コニカルガム、ベルガムナッツ）／宿根スターチスほか

キュートで賑やかな花材で

花材

スターチス（ハニーアプリ、サンデーアイス）／ヒカゲノカズラ／ユーカリ・ニコリー／フィリカ・ピネア／ベニバナ／ニゲラ／シルバーブルニア／カンガルーポー／マルガリータ／ペッパーベリー／ラグラス

recipe ; 制作・NP

ピーチカラーをベースに賑やかな花材を盛り込み、可愛らしいベニバナをあしらってキュートなリースに仕上げた。余分な葉は取り除きベニバナの花のみを使用し、薄紫色もポイントになるように馴染ませている。

甘すぎない春らしさ

recipe ; 制作・NP

淡いオレンジを基調にホワイトとイエローでまとめた、可愛らしくなりすぎないどこか落ち着いた大人っぽさを感じる春のリース。バランスを見ながらグルーで花材を接着し、立体的に仕上げている。

花材

スターチス'ハニーアプリ'／宿根スターチス'ブルーファンタジア'／フィリカ（コットンブッシュ、プルモーサ）／ユーカリ・ニコリー／ローダンセ／クラスペディア／レースフラワー／ブルニア・アルビフローラ／センニチコウ

グリーンで シンプルに

recipe ; 制作・君成田 隆志

静寂を切り裂くような存在感、コニファー'ブルーアイス'。鮮やかな緑の葉が、見る者の心に深い印象を刻む。青々としたアカシアが、ユニークな雰囲気を醸し出し、リース全体のバランスを整える。リースを籐のカゴに入れてもオブジェとして楽しめる。

花材　コニファー‘ブルーアイス’／アカシア‘ブルーブッシュ’／グレビリア／チランジア・ウスネオイデス／ユーカリ／フィリカ

上品さをシンプルに

recipe ; 制作・君成田 隆志

全ての素材が調和し、上品さとシンプルさを両立するリースが完成。シンプルながらも、一つひとつの素材が持つ個性と魅力を最大限に引き立てる。それがこのリースの独特の美しさ。

花材　アカシア‘ブルーブッシュ’／コニファー‘ブルーアイス’／グレビリア／チランジア・ウスネオイデス／フィリカ／ユーカリ

recipe ; 制作・保のか 山本 雅子

春を待つフラワーリース。白とグリーン、枝ものと草花で素朴なイメージのリースに仕上げた。

花材

ユキヤナギ／クリスマスローズ／アルストロメリア／バラ‘コンキュサーレ’／キク／銀葉ミモザ／スカビオサ／ティーツリー

春を待つ

力強く しなやかな個性

recipe ; 制作・ルフルロン 中本 健太

軽やかに波打つ葉とバンダの根で、力強くしなやかな植物の個性を表現したリース。ワイヤーを使って土台に取り付け、主張の強いバンクシアや色味の濃いドライアンドラを隣り合わないように配置する工夫が施されている。

花材

バンクシア／プロテア／ドライアンドラ／リューカデンドロン／ヒエ‘フレイクチョコラータ’／ウッディペア／フィリカ／ルナリア／グレビリア（ゴールド、アイバンホー）／コアラファーン／アンブレラファーン／ノイチゴ／ユーカリ（トレリアーナ、マイデニー、ニコリー）／バンダの根／ウーリーブッシュ／ブラックパール

癒しのグリーン 小さな森林浴

recipe ; 制作・hiromi

可愛らしい葉が特徴のピスタキアを使ったグリーンリース。半円の形でグリーンとリースベースのブラウンのバランスをとり、ラフに麻布でリボンを結んで仕上げた。一束の分量と長さを均等にして重ねていく手法を用いて、オーソドックスな素材であるオリーブやユーカリではなくピスタキアを使用しているのがポイント。

花材　ピスタキアリーフ／トリフォリウム‘夢ホタル’

グリーン&ホワイト

recipe ; 制作・plus F. 秋山 恵美

リース初心者でも飾りやすい、季節を問わない色合いのリース。ブルーアイスやヤマシダなど「際立たせる花材」とヒカゲノカズラなどの「サポートする花材」の役割を理解して、丁寧にリースベースに巻き付けて作られている。

花材　グニーユーカリ／コニファー‘ブルーアイス’／ヒカゲノカズラ／クジャクヒバ／ナズナ／スターチス／銀葉グミ／ヤマシダ／レースファーン

楽しみ方の可能性を知る

recipe ; 制作・A_harusame_

サンスベリアの柔軟性を活かして曲線を形作り、生き生きとした観葉植物のような仕立てとした。フレッシュな植物を組み合わせることで、ドライになる過程も楽しめるエコロジカルなリース。自分の好きな花材の特性を生かす形を模索してみて。

花材

‘サンスベリア’スタッキー／フリルアイビー／ヒバ／ニゲラ／キリフキソウ／ローズマリー／コアラファーン

SDGsリース

recipe ; 制作・A_harusame_

花束やアレンジメント、スワッグなど、さまざまな方法で楽しんだあと、茎が短くなってしまった植物たちを再利用することで、サステナブルな取り組みとなる「SDGsリース」のアイデア。どんなに短くなった花材も、リース作りにはすべてが宝となる。植物の魅力を、余すところなく享受したい。

花材

‘エクレール／アナスタシア’／ホワイトレース／スカビオサ‘テルンクーゲル’／リューカデンドロン／ヒペリカム／マウンテンミント／グニユーカリ／ナデシコ‘テマリソウ’／エリンジウム

新しい息吹きと爽やかな風

recipe ; 制作・NP

軽やかで動きのある花材を生かして、爽やかな風が吹くように、豊かさをイメージして仕上げたリースは、被災地で新たな門出のお祝いに作られたもの。花材を接着する際には躍動感を意識し、細かい花材はグルーガンで、チランジアはワイヤリングで取り付けた。

花材　ネズ／スギ／ヒノキ／チランジア（ウスネオイデス、キセログラフィカ）／オリーブ／ユーカリ（グニ、テトラゴナ、トランペット、グロボラス）／ハス（実））／シルバーブルニア／ブラッチーシトン／ミモザ／リューカデンドロン・プルモサム／ホロホロ鳥の羽根／木の実

シルバーの光沢

recipe ; 制作・華屋・リンデンバウム 眞木 香織

パンパスグラスとシルバーリーフを使用したシルバーの光沢あるリース。パンパスグラスのフワフワ感と、シルバーリーフの一種であるシルバーツリーの光沢と、パンパスグラスの裂き方がポイント。シルバーリーフの長さや幅とのバランスにも配慮し、グレビレアアスプレニフォリアを添えることで、動きを加えている。

花材　パンパスグラス／シルバーツリー／シルバーブルニア／グレビリア・アスプレニフォリア

球根を使ったシルバーブルーリース

recipe ; 制作・齊藤哲裕

原種チューリップとシルバーがきれいなチランジアをメインにした。アクセントにヘデラベリーやドライのエリンジウムプラナムを配置。伝統的なワイヤー巻き上げのテクニックで、ストエベ、エリンジウム、ヘデラベリー、ユーカリでベースを作り、チューリップは球根付きの花をワイヤーで固定し、チランジアはグルーで接着した。リースは時計回りが基本だが、リースの中で動きを出すため、意図的に少しだけ反時計回りにも植物を入れている。

花材	ストエベ／チューリップ‘アルバコエルレアオクラータ’／チランジア・テクトラム／ヘデラベリー／エリンジウム・プラナム／グニユーカリ

優しいアンティークカラー

recipe ; 制作・hiromi

大好きな染めスイートピー（アンティーク）の絶妙な色合いに合わせ、クリスマスローズ、パンジー、ニゲラで構成した。花材の持つ色合いを生かし、グラデーションが美しいクリスマスローズの花姿が見えるように配置し、ひらひら＆ふんわり感も意識して制作した。

花材	スイートピー'アンティーク'／パンジー／クリスマスローズ／ニゲラ

砂糖菓子のような スターチス

recipe ; 制作・NP

スターチス（サンデーアイス）で作った淡い紫色の土台にアクセントとなるように小花を散りばめ、プックリとこんもりとしたフォルムになるように、内側や外側も確認しながら隙間なくスターチスで埋めた。小花はピンセットを使い、バランスを見ながらグルーでベースに接着していく。

花材

スターチス‘サンデーアイス’／ハナカンザシ／ローダンセ／フィリカ・ピネア／アイスランドモス／レースフラワー／アジサイ／カスミソウ（プリザーブドフラワー・ゴールド）

おひなさまの十二単

recipe ; 制作・toccorri

ピンクのグラデーションが美しい桃の花は、花びら1枚1枚をちりめん生地とワイヤーで手作りしたもので、その色合いや風合いを十二単のイメージで重ねていった。それらの優しい色合いを引き立てるよう、リースのフォルムはまん丸になるように心がけて制作。ローズマリーとフェンネルで少しだけグリーンを差し込み、より柔らかな印象に。全体のバランスを見ながら、左下部分には群生した桃の花をまとめて配し、右上部分に2輪だけ配置。リースの左側には桃の花、右側には組ひもを長めに垂らすことで、アシンメトリーなデザインに仕上げた。女の子の健やかな成長を願って厄除けの意味合いのある桃の花をたくさん盛り込んだ、おひなさまの十二単をイメージした美しいリース。

花材

シナモン／クローブ／ハッカク／ローズマリー／フェンネル／ヘーゼルナッツ／ブナ／ワタカラ／ムタンバナッツ／ヤシャブシ／メタセコイア／ヒメシャラ／ヒノキ／組ひも／ちりめんの桃の花／リボン／ビーズ／ブイロンワイヤー

桜色のスターチスリース

recipe ; 制作・華屋・リンデンバウム 眞木 香織

スターチスは、平面にならないようにランダムに凹凸ができるように重ねつむいでいく。カラーも統一感を持たせて制作した。

花材	スターチス／センニチコウ／ペッパーベリー／オーストラリアンデージー／ダスティミラー‘シラス’／アジサイ

桜の和風リース

recipe ; 制作・齊藤哲裕

HB スターチス（シンジーシルバー）の薄紫の色をベースに、桜のオーナメントを使用して和風のリースを制作した。
「桜の和風リース」というテーマで、日本で愛される桜を表現。スターチスをワイヤー巻き上げのクラシックなテクニックで制作し、リース完成後にオーナメントをホットグルーで固定した。

花材	宿根スターチス‘シンジーシルバー’／桜のオーナメント／タッセル／ヤマシダ（晒し）

フワフワモコモコ綿菓子のように

recipe ; 制作・ルフルロン 中本 健太

3種類のピンクのスターチスを使用して、綿菓子のようなフワフワモコモコのリースを制作。グラデーションで色を構成し、しっかりと厚みを持たせてふっくらと仕上げた。

花材

宿根スターチス3種／ペッパーベリー／コニファー'ブルーアイス'／センニチコウ／ジュニパーベリー／ユーカリ・トレリアーナ／ライスフラワー

複雑な色合いが奏でるハーモニー

recipe ; 制作・un plus+

スカビオサを贅沢に重ねながら、色の組み合わせを楽しんだリース。立体感を出すためにわずかな高低差をつけながら、複雑な色合いが奏でるハーモニーを表現した。単調にならないように、蕾を所々に入れリズム感を出した。

花材　スカビオサ'トールダブルミックス'

ペッパーベリーを味わうリース

recipe ; 制作・A_harusame_

ペッパーベリーのピンクの魅力が存分に発揮されたリースは、小さいながら存在感抜群。潔くペッパーベリー１種のみで構成すると、エッセンスがより凝縮されて、素敵な仕上がりに。

花材　ペッパーベリー／ユーカリ（テトラゴナ、丸葉）／グレビリア／シルバーブルニア／ホワイトレース／宿根スターチス／スターリンジア／カスミソウ／センニチコウ

個性的かつ立体的

recipe ; 制作・NP

ピンクの花を使っても、ヤツデの実を加えることで甘くなりすぎず、個性的な仕上がりになっている。スターチスが平面にならないように、段差をつけながら立体的に組み上げた。

花材　宿根スターチス（大和の灯、タタリカ）／ヤツデ（実）／フィリカ・エリコイデス

動きを見せるブラウンリース

recipe ; 制作・華屋・リンデンバウム 眞木 香織

２種類の異なるグレビレアの葉の動きと、パンパスグラスのフワフワ感を組み合わせたブラウンリース。細めのグレビレアゴールドの葉を集めることと、パンパスグラスを細かく裂くことがポイント。全体的なバランスとランダム感を見ながら制作していく。

花材　パンパスグラス／グレビリア（アスプレニフォリア、ゴールド）／リューカデンドロン

森の中の景色

recipe ; 制作・ルフルロン 中本 健太

森の中には花の精がたたずみ穏やかな景色が広がる、そんなイメージから想像したデザイン。フランネルフラワーを一定方向ではなく多方面に向け配置し、落ち着いたブルーの中にシャリンバイの赤みをプラスすることで全体を引き締め、安らぎを感じるリースに仕上げた。

花材

アストランチア・マヨール／フランネルフラワー／ギンギツネ／ユーカリ（ポポラス、パルブラ）／カンガルーポー／アルバ・シルバーキャット／シャリンバイ／コニファー‘ブルーアイス’／リューカデンドロン‘ジェイドパール’／宿根スターチス‘ブルーファンタジア’／アルテミシア・フリジダ／ダスティミラー／スターチス

瑠璃色に包まれた夏の朝

recipe ; 制作・ルフルロン 中本 健太

深い瑠璃色に包まれた夏の朝を表現したリース。独特の質感と形状のアザミを考慮して配置、アジサイやシルバーキャットなどの柔らかい素材と対比させてバランスよくまとめた。

花材　アジサイ／ルリタマアザミ／宿根スターチス／アルバ・シルバーキャット／コニファー（ブルーアイス、ブルーバード）／ユーカリ・テトラゴナ／ビバーナム・ティナス

懐かしい日に想いを馳せて

recipe ; 制作・ルフルロン 中本 健太

柔らかなパンパスグラス、グレビレア、シースターファンなどを組み合わせ、ひねりのある動きで躍動感を表現。懐かしい、古き良き日に思いを馳せながら制作した、思い出と共に静かに輝くようなリース。

花材

バクスフォリア／リューカデンドロン‘ヒューベセンス’／スターチス／ヨウシュヤマゴボウ／シースターファーン／スモークツリー／グレビリア‘アイバンホー’／ルナリア／シルバーブルニア／アカシア‘レインディアワートル’／オホデリャマの実／パンパスグラス／黒米／宿根スターチス

記憶の中にある いつかの空の青

recipe ; 制作・ルフルロン 中本 健太

研ぎ澄まされた美しい自然の色、まるで記憶の中の青空のようなアジサイをリースに仕立てた。白い花材とコバンソウでアクセントをつけることで、全体が暗くなりすぎないよう工夫している。

花材

アジサイ／クリスマスローズ／ルナリア／ニゲラ／クレマチス／宿根スターチス(ブルーファンタジア、ほか1種)'／オレガノ'ケントビューティー'／ヒエ'フレイクチョコラータ'／シルバーブルニア／コバンソウ／ウーリースプーン

小花と実の優しいマリアージュ

recipe ; 制作・ルフルロン 中本 健太

ペールトーンの淡い色合いに、ブルーグレーを加えて甘さを控えめに調和させたリース。小花と実の組み合わせによる優しいマリアージュが特徴で、バランスの良い配色が美しい。細かな花を密集させ、リースの土台が見えないように仕上げた。

花材　ロシアンデージー／宿根スターチス／ライスフラワー／ペッパーベリー／アルバ・シルバーキャット／ジュニパーベリー／ブルニア・アルビフローラ／ネコヤナギ

弾けるような楽しさ

recipe ; 制作・NP

冬の花で作っても、ゆっくりドライになるので春まで長期間楽しめるリース。穂は同じくらいの長さに切り分け、躍動感が出るように花材を付けていく。弾けているような楽しさが魅力的。

花材　パンパスグラス／テールリード／ラグラス／ユーカリ・ニコリー／ドライアンドラ（葉）／ミモザ／カネラ／クラスペディア／スターチス‘サンデーアイス’／ポピー／ダスティミラー／ミニカスミ

重なりそうで重ならない

recipe；制作・華屋・リンデンバウム 眞木 香織

ニュアンスカラーのスターチスと、まるで粉雪のようなサゴのリース。サゴのふんわり感とスターチスのモコモコ感が重なり合いながらも、完全には重ならない絶妙なバランスに。白の中で唯一の有彩色であるアッシュベージュのスターチスソロモンは、アクセントとして映えるように留意して配置を。

花材	スターチス（ソロモン、シトロン）／サゴ／イモーテル／オーストラリアンデージー

ノスタルジックな世界観

recipe ; 制作・齊藤哲裕

パンパスグラスをベースにしたどこか懐かしさを感じる風合いのリース。古い鞄や流木、鹿の角なども使用し、ノスタルジックな世界観を表現している。ウレタン樹脂製のフォームを使い、バランスを考慮してローダンセ（ピカソ）やヘリクリサムなどを加えて仕上げた。

花材　パンパスグラス／ローダンゼ‘ピカソ’／ダスティミラー／バーゼリア／ヘリクリサム／ホロホロ鳥の羽根

小さな輪の中で和やかにおしゃべり

recipe ; 制作・ルフルロン 中本 健太

細かな花や実を丁寧に集めたリースは、まるで小さな輪の中で花々がささやき合っているような愛らしさ。アイボリーやベージュにグレーを加えた心地良い色調に、柔らかな綿毛がアクセントになっている。

花材　ロシアンデージー／宿根スターチス／アルバ・シルバーキャット／ギンギツネ／ナンキンハゼ／ヨウシュヤマゴボウ／ネコヤナギ／スカビオサ'ステルンクーゲル'／ダスティミラー／ペッパーベリー

自然と抽象性が融合したモダンリース

recipe ; 制作・VOICE OF PLANTS

白一色の陰影で立体感を出し、素材の温かみと自然の揺らぎを感じさせるデザイン。ススキの穂の小さな束をたくさん作り、渦巻き状にリース台にセットする手法で制作している。同じ小束の穂の長さを揃えて、長い穂の束は外側に、短い穂の束は正面に近いところに使うのが立体感を出すポイント。アスパラガスやソフトストーベで表情に変化を加えている。抽象画を描く画家への贈り物として制作された、オブジェのようなモダンなリース。

花材　ススキ／ソフトストーベ／アスパラガス・スプレンゲリー

エモーショナルなスモーキー&ホワイト

recipe ; 制作・A_harusame_

ダスティミラーのドライをベースにした白グラデーションのリース。ダスティミラーの間を細やかな花々のレイヤーで重ねていく。黒の花材を加えることでスモーキーな白を際立たせ、エモーショナルな雰囲気を漂わせている。柔らかな質感と色を残したドライのダスティミラーが、リース全体を心地良く包み込む。

花材

ダスティミラー/ルリタマアザミ/カスミソウ/宿根スターチス/アジサイ/ラグラス/ニゲラ/ユーカリ/ホワイトレース/ブルニア/ヒペリカム/グレビリア

雪と樹氷のクリスマスリース

花材

ヒムロスギ／モミ／スギ／ヒノキ／ネコヤナギ／スケルトンリーフ／ヤマシダ／ソフトミニカスミ／パンパスグラス／銀鶏の羽根

recipe ; 制作・NP

木々に積もる雪と樹氷の森をイメージしたクリスマスリース。グリーンベースにホワイトが映える、木々に積もる雪と樹氷の森をイメージした。ヤマシダは葉ごとに分けワイヤリングして全体的にバランス良く散りばめ、スケルトンリーフと羽根をポイントにしてグルーで仕上げた。

ツルとススキで作ったリース

recipe ; 制作・NP

散歩中に見つけたツルとススキで作ったリース。ナンキンハゼの自由な枝の動きが、どの角度から見ても楽しい印象を与える。交互に花材を配することで、そうした動きを十分に生かした仕上がりに。

花材

ツル／ススキ／ナンキンハゼ／ルナリア／シルバーブルニア／ルリタマアザミ／フクロウの羽根

シンプルで落ち着いた雰囲気の大人っぽいリース

recipe ; 制作・NP

ルナリアとパンパスグラスを主役に、シンプルで落ち着いた雰囲気のリースを制作した。軽く、ひらりひらりと煌めくルナリアが印象的。花材は２つのピースに分けてベースにワイヤーで巻き留める。左右のバランスを見ながら、それぞれのピースが逆方向になるように配置。

花材

ルナリア／パンパスグラス／スティファ／ススキ／ヤマシダ

貝殻のような輝き

recipe ; 制作・NP

透けた貝殻のような輝きを放つルナリアのドライフラワー。そのルナリアに魅了されるような、シンプルだが手の込んだリース。ルナリアは一枚ずつワイヤリングしておき、#28 ワイヤーで組み上げる。ドライのルナリアは壊れやすいので取り扱いには注意が必要。日を浴びても、夜のライトに照らされてもキラキラと美しく輝く。

花材	ルナリア

花冠のようなイメージで

花材

エバーラスティングスニージーズ／カスミソウ／宿根スターチス‘カスピア’／アジサイ／ユーカリ／アベナ／ソフトストーベ／イモーテル

recipe ; 制作・nico ニコ

大切な人を想いながら紡いだ花冠のようなリース。純粋な恋を表現するために白い花を使用。花冠のようなイメージに仕上げるために、花材を一つひとつワイヤリングして制作している。

和風な花材で

recipe ; 制作・ちぐさ

ナンテンやサンキライの実を交ぜ、微妙に違う質感や色の明るさを調和させ、奥行きを感じられるように仕上げた。赤い実やオタフクナンテンの葉の赤色は、経年変化による退色も少なく、長く美しい赤色を楽しむことができる。ナンテンやサンキライの実は生花の状態だと実が落ちやすいので、軸の部分をワイヤリングしながら使うこと。乾燥してから使うとスムーズに作業できる。

花材

ナンテン／サンキライ／オタフクナンテン／ヘクソカズラ／ヒカゲノカズラ／ヤマシダ

大人の雰囲気を纏う

recipe ; 制作・深川 瑞樹 ハナミズキ／花と枝葉

緑と紫のシックなコントラストが美しい、大人の雰囲気を纏ったリース。静かに過ごすひとときに寄り添うデザインとなっている。

花材

ヒカゲノカズラ／ユーカリ(ベルガムナッツ、ポポラス、コニカルガム)／宿根スターチス‘ブルーファンタジア’／シルバーティーツリー／ヒメヒゴタイ／エリンジウム‘リーベンウォルシー’／カロタムナス

モーヴカラーのブーケリース

recipe ; 制作・サンフラワー ナチュレ店

バラの色の配置を意識して制作し、あまり暗くならないように差し色に白やグリーンを使用した。花材はすべてプリザーブドフラワーで軽くて保水がいらないので、ブライダルなどのリースブーケとしても活躍しそう。

花材

バラ4種／カーネーション／アジサイ／ユーカリ／ゴアナクロー

シャビーシックなしめ縄リース

recipe ; 制作・hiromi

パープルのしめ縄に合わせた色の花材を集めて、シャビーシックなリースを制作。上品なレースのリボンを程よく配することで個性を出し、手書きのタグでナチュラルさをプラスした。上下に長さを持たせたフォルムでお正月飾り風に仕上げ、アジサイをポイントとなるよう目立つ位置に、そのほかの実ものはグルーピングして配置している。

花材

ユーカリ／バラ（プリザーブドフラワー）／アジサイ（プリザーブドフラワー）／ゴアナクロー／ペッパーベリー／ケムフルーツ（ドライ）／オレガノ（ドライ）

ナチュラルな色合い集めて

recipe ; 制作・サンフラワー ナチュレ店

針葉樹とさまざまな木の実を使用したナチュラルなリース。制作では 1:1:1 の幅、空間に注意し、同じサイズ感の実でありながら形状や色合いの異なるものを集めてナチュラルな仕上がりになるように工夫した。リースの背面はフラットにし、壁に密着するように仕上げている。

花材　ヒムロスギ／コニファー'ブルーアイス'／バーゼリア／ユーカリ(実)／シルバーブルニア／ゲットウ（実）／マツカサほか

ワイルド&ナチュラルなクリスマス

recipe ; 制作・君成田 隆志

ワイルドさとナチュラルな雰囲気を融合したクリスマスリースのデザインで、アクセントにはドイツトウヒが使用されている。

花材

ドイツトウヒ／バンクシア／アカシア‘ブルーブュッシュ’／コニファー（ブルーアイス、ブルーバード）／ユーカリ／ヒムロスギ／グレビリア／バーゼリア／リューカデンドロン

グラデーションやダーク系のカラーを取り入れたデザイン

recipe ; 制作・hiromi

ジニアをメインにした草花のミックスリース。こぶりなジャジーのオレンジからブラウンへの色調をデザインに生かすため、色合せに注意を払った。クロホオズキやクレマチスシードなどで個性や遊び心を出しつつ、バジルやミツバイチゴの葉色や形状を大切にした。晩夏から初秋に楽しめる花々を集め、グラデーションやダーク系のカラーを取り入れたデザインでカラフルな世界観を表現した。

花材

ジニア‘ジャジーミックス’／クレマチス‘キボ’（シード）／アフリカンブルーバジル／クロホオズキ／アゲラタム／ケイトウ／ミント／アストランチア／ミツバイチゴ／マリーサイモン（実）

陰翳礼讃

recipe ; 制作・hiromi

「陰翳礼讃《いんえいらいさん》」をテーマにした花園リース。光の当たらない暗い部分も褒め称えられるような個性的な花と花色で構成し、ヴィヴィッドな色合いの中にパンジーやコデマリの蕾で可愛しさを、ニゲラの葉でナチュラルなワイルド感を出している。色合わせを考えながら配置し、すっきりとしたミックス感を演出。ラナンキュラスの個性的な品種を使用し、花色に魅入り、静かな時間へと誘うような、より印象的なリースに仕上げた。

花材

ラナンキュラス（シャウエン、シストロン）／パンジー／ニゲラ／アネモネ／リューココリネ／ストック／コデマリ／スイートピー／フリージア／マメノハナ／スカビオサ

フォルムや色合いの調和

recipe ; 制作・深川 瑞樹 ハナミズキ / 花と枝葉

グレビレアとユーカリの葉にはそれぞれのフォルムや色合いの違いがあり、カンレンボクの実などはそのものが個性的な姿を持つ。これらをリースの中で調和させ楽しむ。ホロホロ鳥の羽根を散らすと、鳥の巣のような趣になる。実と葉のそれぞれの見所を作るため、左右非対称に配置した。

花材

ホロホロ鳥の羽根／グレビリア'ゴールド'／マグノリア'リトルジェム'／ユーカリ（ベルガムナッツ、ポポラス）／ドライアンドラ・フォルモーサ／カンレンボク（実）／宿根ターチス'ブルーファンタジア'／センニンソウ／クラスペディア／ナンキンハゼ／オレンジスライス

リースの向こう側に物語

recipe; 制作・NP

ずっしりとした印象のリースは、和洋問わず古くて重厚なドアにも負けない存在感。劣化しにくい花材を選び、しっかりとした土台にバランス良くグルーガンで接着した。リースの向こう側に物語があるように花々を配置すると、より楽しんで作ることができる。

花材　サルフレア／タルホーン／ハス（実）／ラフィア（実）／ユーカリ（スパイダーガム、アンバーナッツ）／ヤマブドウ／アイスランドモス／リューカデンドロン‘ピサ’／プロテア／カラーコーン／イガナス

大きめダリアのしめ縄リース

recipe ; 制作・hiromi

大きめサイズのアーティフィシャルのダリアをメインに、グリーンと実もので構成し、和柄のリボンと飾りでお正月らしさを加えつつ個性的に仕上げた。上下に長さを出してお正月飾り風に仕立て、メインのダリアの位置を決めてからほかの花材を配している。常識にとらわれない花材選びがポイント。

花材

ダリア（アーティフィシャル）／ユーカリ／サンキライ／ペッパーベリー／マツカサ

オーバルな大人のクリスマス

recipe ; 制作・ooco

オーバルリースで大人のクリスマスを表現。定番カラーの赤と緑にアクセントとして青を加えることで、シックな雰囲気に仕上げた。エリンジウムのトゲトゲした形も相まって、少しクールな印象に。リースの下になる部分の中心から、リースの頂点に向かっていくように花材の向きを揃えて構成。制作前にポイントとなるエリンジウムや枝でバランスを決めている。

花材

ヒムロスギ／サンキライ（実）／エリンジウム／小枝

recipe ; 制作・華屋・リンデンバウム 眞木 香織

明るく可愛いセンニチコウのストロベリーフィールドに、小花や丸みのある花たちを添えて楽しく踊るようなデザインに仕上げた。グレビレアやヒカゲノカズラがリズムを刻む。葉ものや花は麻ひもで紡ぎ、小花は後からコールドグルーで貼り付けて全体のバランスをとっている。

花材

ユーカリ（ポポラス、ニコリー）／グレビリア‘アイバンホー’／ヒカゲノカズラ／ラグラス／センニチコウ‘ストロベリーフィールド’／クラスペディア／ニゲラ(実)／スターチス‘ナホトカ’／宿根スターチス‘陽春’／フィリカ／デイジー

楽しく踊るようなデザインに

冬の月

recipe ; 制作・ルフルロン 中本 健太

いつも高い位置から照らしてくれる冬の月。三日月の形を崩さず、たくさんの実を詰め込みながらもグリーンを生かしている。童話に出てくるようなぷっくりと可愛らしい三日月の形を表現した。

花材

ユーカリ（ポポラス、テトラゴナ）／ナンキンハゼ／ラムズテイル／ネズミモチ／ラベンダー／アカシア‘パープレア’／コニファー（ブルーアイス、ブルーバード）／スターリンジア／ヤシャブシ／ウールブッシュ／マンダラ／ダスティミラー／リューカデンドロン／実もの各種

白く輝く三日月

recipe ; 制作・ルフルロン 中本 健太

カスミソウの小さな蕾と可憐な花姿が愛らしい。それらをたくさん集め、白く輝く三日月の形に仕上げた。カスミソウを小さく束ね、三日月の先端部分はシャープに、中央部分は厚みをもたせるように土台のリースベースにワイヤーで取り付けた。

花材	カスミソウ

純白のイメージ

recipe ; 制作・hiromi

ホワイト＆グリーンの三日月リース。先端に配置したマメノハナのツルは、三日月の形を意識しながら組み込んだ。ウエディングブーケのような純白のイメージで、半円の先端にツルを配置して、半円から円に続く道を表現している。

花材	マメノハナ／ニゲラ／ストック／パンジー／セダム／スイートピー

脇役も主役に

recipe ; 制作・hiromi

小花の優しさを表現した三日月リース。脇役になりがちな小花を、「私はここよ！」と顔を出し合うようなイメージで制作した。パステルカラーで統一することで、ふんわりとした印象に。小花のなかでも小さめの花を使用し、形状の似たコバノズイナ（白）、リモニウム（薄ピンク）の動きをバランスよく配置。三日月を意識しながら花材をフローラルフォームに挿していった。円形ではなくハーフ形のフォームを使うことで花材が生きるスタイルに仕上げた。

花材

ライラック／アルストロメリア／コバノズイナ／バラ'群舞'／宿根スターチス／ミント

三日月を繋ぐツル

recipe ; 制作・深川 瑞樹 ハナミズキ / 花と枝葉

ツルで三日月を繋ぎ、密と疎のバランスを考えたデザイン。
掛ける向きによって印象が変わる。

花材

キウイヅル／フェンネル／シャーリーポピー／グレビリア‘ロック’／ユーカリ（ベルガムナッツ、テトラゴナ）／ペッパーベリー／カロタムナス／シースターファーン／宿根スターチス‘ブルーファンタジア’／シルバーブルニア

未来の写真を思い描く

recipe; 制作・ルフルロン 中本 健太

淡いピンクとスモーキーなグリーンを基調とした写真フレーム。四つ角はゆるやかなカーブにして優しい形状に仕上げている。フレームを意識して、中央部にはふんだんに植物を。

花材

セロシア／ライスフラワー／ユーカリ（ポポラス、テトラゴナ、ベルナッツ）／キンポウジュ(実)／宿根スターチス'ブルーファンタジア'／ダスティミラー／ビバーナム・ティナス／シルバーブルニア

冬のリース シンプル&ナチュラル

recipe ; 制作・hourglass 山下 真美

冬をイメージしたリース。グリーンをメインにしたシンプル&ナチュラルなデザインに、木の実や個性的なシープヘッドなどをグルーピングして配置。よりナチュラルな雰囲気を出すために、持ち手部分はツル製植物を用いて細めに制作している。最後に持ち手に革と革ひもをあしらってアクセントをつけた。

花材　ヒムロスギ／コニファー'ブルーアイス'／ユーカリ（ニコリー、ポポラス、グニ）／バーゼリア／リューカデンドロン／ほか

葉の動きを楽しむリース

recipe ; 制作・華屋・リンデンバウム 眞木 香織

異なる葉の動きを楽しむデザインに、スターチスを添えることでその動きと色彩を際立たせている。一葉ずつ麻ひもで繋ぐ際、ドライに変化した葉の動きを想像しながら取り組むと、リース作りの楽しさをより感じられる。

花材　アカヅル／グレビリア（ゴールド、アイバンホー）／宿根スターチス‘陽春’

スモークツリーのハーフリース

recipe ; 制作・HANARA

スモークツリーにプリザーブドフラワーのアジサイをプラスすることで、スモークツリーから感じるシックな印象を、可愛らしい印象に変えたデザイン。スモークツリーをリースワイヤーでベースに固定し、アジサイは小分けにして首元をテーピングしたものにグルーを少量つけて、スモークツリーの間に挿し込んだ。最後にナチュラルな質感のリボンをあしらって完成。

花材　スモークツリー／アジサイ（プリザーブドフラワー）

夏の爽やかさ

recipe ; 制作・plus F. 秋山 恵美

夏の爽やかなハーフリースは、数種類のグリーンのみで仕立て、涼しさを感じられるようにデザインされている。きれいなグリーンのグラデーションになるように、いろいろな種類のグリーンを重ね、同じものが重ならないように葉の向きに気をつけながらリースベースに巻き付けている。

花材　ユーカリ（グニー、クラドカリックス）／コニファー‘ブルーアイス’／ナズナ／ヒカゲノカズラ／クジャクヒバ／アルケミラ・モリス

大人らしいシックな色合いで

recipe ; 制作・NP

素材の選択でナチュラル感を出しつつ、シックな色合いの花材を集めて大人っぽいハーフリースに。小分けにした花材をワイヤリングし、リース台にしっかりと付けることで、リース全体のバランスが崩れず、丁寧な仕上がりになっている。

花材

グレビリア（ヨベル、アイバンホー）／ユーカリ‘ベイビーブルー’／スターチス‘サンデーアイス’／宿根スターチス‘ブルーファンタジア、タタリカ’／ゴアナクロー／スカビオサ‘ステンクーゲル’／ニゲラ／スターリンジア／スプレーブルニア／ハナカンザシ／ルナリア／ラグラス

フライングリースで作ったランプシェード

recipe; 制作・kyoko loose leaf

大きめのリースベースにユーカリの葉をふんだんに使って制作し、花はなるべく同じものを使わずにピンク系、紫系、ホワイト系を主に散りばめた。一輪しかない花もあり、いろいろな角度から違った表情が楽しめる。完成時はユーカリの香りと鮮やかな色が魅力的で、だんだんとドライになる過程も美しい。壁にかけるリースと違い、横や下から見て楽しむフライングリースは、より立体的に花や葉を組み立てる必要がある。ランプシェードとしても使えるが、その場合は熱を持たない電球を使うなどして使用には十分に気を付けること。

花材　ユーカリ（ポポラス、他１種）／ヒペリカム／チューリップ／バラ３種／キク２種／アジサイ／ヒマワリ／レースフラワー／アスター

夢をつかむフープ

recipe ; 制作・NP

淡い色合いのミニスワッグをフープに取り付けて、ドリームキャッチャーのように仕立てたリース。ミニスワッグは斜めに取り付けることを意識して制作し、ワイヤーでフープに固定。ワイヤーはリボンでカバーして見えないように仕上げている。小さなサイズでちょっとしたギフトにもぴったり。

花材

パンパスグラス／テールリード／ラグラス／シルバーブルニア／ルリタマアザミ／フィリカ・プルモーサ／コットンフラワー／ヤマシダ／ススキ／カスミソウ（プリザーブドフラワーゴールド）／羽根

オブジェのように楽しめるフライングリース

recipe ; 制作・tobiusagi miyu

アーティフィシャルフラワーで作ったフライングリースは、空間を彩るオブジェとして長く楽しめるのがメリット。人気のくすみピンクや秋色の花が上品で、サイズやデザイン違いでいくつも飾りたくなる愛らしさだ。花材を配置する際にはどこから見ても美しくなるように意識し、垂れ下がる花を入れたり、異素材のクリスタルやリボンを加えることで表情豊かな作品となった。

花材　バラ／ラナンキュラス／アジサイ／アストランチア／コスモス／ベリー／オリーブ／ユーカリ（すべてアーティフィシャルフラワー）

馬蹄形リースに願いを込めて

recipe ; 制作・hourglass 山下 真美

ボリュームとバランスに注意しながら、左右同じようにリースワイヤーで花材をベースに巻き付け、木の実なども使いナチュラルな雰囲気に仕上げた。最後にグルーで形を整えて、素朴な風合いのリネンのリボンを加えることでクリスマスを過ぎても飾れるようにしている。馬蹄形のリースは縁起が良く魔除けや幸運を呼び寄せるとされ、人気が高い。クリスマスや新年を迎えるに相応しい、平穏な日々を願うリース。

花材　ユーカリ（ニコリー、ポポラス、グロボラス）／クジャクヒバ／コニファー（ブルーアイス、ブルーバード）／グレビリア／チランジア・ウスネオイデス／ペッパーベリー／ゲットウ（実）

幸せが訪れる

recipe ; 制作・Mitsuki Ciołka（Lynn flowers）

ユーカリをベースに、リューカデンドロンやエリンジウム、スターチスをバランスよく配置した、幸せが訪れるといわれている馬蹄形リース。馬蹄形に曲げた工作用ワイヤーをベースにすると手軽に作ることができ、グリーン、イエロー、ブルーの３色でまとめてナチュラルで明るい雰囲気に仕上げた。長期間飾りたい場合は、花材をたっぷりと入れてボリュームダウンしないようにすると良い。

花材　ユーカリ／リューカデンドロン／エリンジウム／宿根スターチス

プチプラ素材でも長く楽しめる

recipe ; 制作・HANARA

アーティフィシャルグリーンをふんだんに使ったドアリースは、直径約40cmの大きめサイズで、玄関外に飾っても存在感がある。アーティフィシャルフラワーは丈夫で色あせにくく、室内だけでなく、屋外でも長く楽しむことができる。ツルのリースベースにグルーでアーティフィシャルグリーンを貼り付け、最後に小花や実もので可愛らしく仕上げる。100円ショップで手に入るプチプライス花材でも、組み合わせ次第で立派な作品になる。

花材	アーティフィシャルフラワー／グリーン

草原の花冠

recipe ; 制作・hiromi

アーティフィシャルフラワーを使用した屋外向けのリース。風に強く、季節を問わず飾ることができる。草原の花冠をイメージしたデザインで、グリーンと花の重なりを意識してバランス良く制作した。玄関先にぴったりのリース。

花材	アーティフィシャルフラワーのグリーンと小花

長く飾れる グラデーションリース

recipe ; 制作・hiromi

アジサイのグラデーションを生かし、ツゲの明るいグリーンとのコントラストで寒色に明るさをプラスした。シンプルで飽きのこない長く飾れるグラデーションカラーのリース。きれいなドライフラワーリースにするには、アジサイのようにドライになりやすい花を使うとベター。

花材	アジサイ３種／ツゲ

複雑に混ざり合う色合い

recipe ; 制作・レクチャー・高橋 繭　mayu32fd

カシワバアジサイの色と素材感を生かしたリース。ブラウン、イエロー、ピンクが複雑に混ざり合って独特の色合いに。リボンの代わりにドライの笹葉ユーカリをあしらって、アジサイを美しく見せる工夫を施した。

花材｜カシワバアジサイ／スターチス／笹葉ユーカリ

感謝の気持ちを込めて

recipe ; 制作・plus F. 秋山 恵美

カスミソウの花言葉は「感謝」。春は別れの季節で、お世話になった方へ感謝の気持ちを込めてリースを贈るのも素敵。スターチスはカスミソウをカバーし、際立たせるため低めに配置。繊細な花をつぶさないよう、優しくつむいでいった。

花材	カスミソウ／スターチス

広大な空間を彩るアートと自然の融合リース

recipe ; 制作・Misa Mochizuki

広々とした空間を飾るに相応しい、ダイナミックでアーティスティックなリース。シンプルなツルをベースに、パンパスグラスと孔雀の羽根を半分ずつ配置。ヒムロスギはそのまま縦に通してポイントに。単調さを打ち消すように、パンパスグラスにはゴールドのラスカスもミックス。縦横に広がるベースに大小様々な花材を駆使して、一味違った印象的なリースに仕上げている。

花材

ヒムロスギ／パンパスグラス／ストレチアリーフ／ナンキンハゼ（ゴールド）／ラスカス（ゴールド）／ブラックベリー／スパイダーガム（ゴールド）／ススキ（オレンジ）／スターリンジャー／パームボート／孔雀の羽根

森の中で冬支度

recipe ; 制作・ルフルロン 中本 健太

樹や葉、実が重なり合って一つになる森の中で彩られる植物の永遠の物語を表現。マグノリアやグレビリアゴールドなどのカラーリーフの配置とバランスを考え、キウイヅルをブーケと一緒に巻きながら、リースに立体感を出した。

花材

バンクシア／ドライアンドラ／コットンフラワー／シルバーブルニア／リューカデンドロン（ヒューベセンス、サファリサンセット）／ヤシャブシ／ソルゴー／ナンキンハゼ／グレビリア（アスプレニフォリア、ゴールド、スパイダー）／レプトスペルマム／マグノリア／キウイヅル／コニファー‘ブルーアイス’／モミ／ユーカリ（マイデニー、ほか1種）／サオトメバナ／ヒムロスギ／ミルタスベリー

耳が痛くなるほどの静寂

recipe ; 制作・ルフルロン 中本 健太

葉の美しく立ち並ぶ静寂を感じながら、その空間の雰囲気を露わにするイメージで制作したリース。質感の異なるグリーンを生かし、束ねたり、ワイヤーで巻き上げながら仕上げた。姿やラインの流れなどを確認しつつ進めると良い。

花材

ラムズイヤー／ユーカリ（グロボラス、トレリアーナ、ベルナッツ、ポポラス）／シャリンバイ／コニファー（ブルーバード、ブルーアイス、プンゲンスポプシー）／ヒムロスギ／アカシア‘レインディアワートル’／リューカデンドロン／グレビリア（アイバンホー、アスプレニフォリア）／ノイバラ（実）

冬の香り

recipe ; 制作・Mitsuki Ciołka (Lynn flowers)

ユーカリをベースに、ブルーアイスとプルモサム、グレビリアを使った冬の香りのリース。シンプルながら個性的なデザインを目指し、ユーカリを円形にぐるぐると配置し、飛び出した脇枝を残して動きを出した。ブルーアイスやグレビリアを差し込んでボリュームを出し、プルモサムはグルーガンで固定している。

花材	コニファー'ブルーアイス'／ユーカリ／グレビリア／リューカデンドロン・プルモサム／エリンジウム

エレガントなオーバルリース

recipe ; 制作・NP

シンプルなグリーンに、長めにあしらったリボンがエレガントなオーバルリース。クリスマス用に制作したが、年中飾ることができそうなシンプルなデザイン。ベースがオーバル形になるようにツルを巻いていき、ツルが曲がりにくい場合はワイヤーで固定しながら進める。

花材	ヒムロスギ／ヒカゲノカズラ／ヒノキ／ネズ／カスミソウ（プリザーブドゴールド）

シンプルに 軽やかな空気感

recipe ; 制作・レクチャー・高橋 繭　mayu32fd

ユーカリ・ポポラスとブルーアイスで作ったシンプルなリース。青みのあるグリーンの中でスティファが軽やかな空気感を漂わせる。トーンを揃えたグリーンの花材を選び、余計なものは入れずにその美しさを感じながら仕上げた。

花材材　ユーカリ・ポポラス／コニファー'ブルーアイス'／スティファ

流行と伝統の温故知新

recipe ; 制作・齊藤哲裕

鹿の角や食虫植物のドライ等を織り交ぜ、ポイントに山形県米沢市伝統の笹野一刀彫工人高橋清雄氏の制作した「削り花」をあしらったワイルドなドライリース。現代的なドライフラワーと伝統の「削り花」を合わせ、「温故知新」をコンセプトにした新しい表現に挑戦した。右側に癖のある素材が多い中、伝統的な削り花でバランスを取り制作。アカヅルとワイヤーでベースを作り、鹿の角やほかの素材をワイヤーとホットグルーで取り付けた。

花材　アカヅル／ネペンテス／ヘリコニア／流木／ドライアンドラ／リューカデンドロン・プルモサム／グレビリア／ゲットウ（実）／ヤマシダ（晒し）／バーゼリア／ホロホロ鳥の羽根／シースターファーン／ガンソク／笹野一刀彫の削り花／鹿の角

ヴィンテージな雰囲気

recipe ; 制作・hiromi

ヴィンテージな雰囲気の美容院に飾るリースとして制作。店内に馴染む色合わせを意識してブラウン調でまとめている。全体のバランスを見て花材を配置し、ラフィアは中心ではなくサイドへ。ゴアナクロウで動きを出し、リースだけ見るとやや暗いが、インテリアと調和するようにデザインした。

花材

リューカデンドロン／ユーカリ／アジサイ／チランジア・ウスネオイデス／エリンジウム／イモーテル／シャーリーポピー／フィリカ／ラグラスほか（以上、すべてドライフラワー）

バラの美しさを引き出すシンプルなデザイン

recipe ; 制作・Lee Love Life

ドライフラワーのバラを贅沢に敷き詰めた少しクラシカルな雰囲気のリース。花の種類を少なくし、バラの美しさを引き出すシンプルなデザインにした。スパニッシュモスをリースベースに巻き付け、全体のバランスを見ながらバラをグルーガンで付けていく。隙間をあまり空けずにたくさん敷き詰めることでリッチな印象になる。仕上げにバラの隙間にライスフラワーをグルーガンで接着し、完成。

花材	バラ（ドライフラワー）／ライスフラワー／チランジア・ウスネオイデス

pink pink pink

recipe ; 制作・A_harusame_

ピンクやパープルをあざやかに残したドライフラワーを集めたモノカラーリース。甘すぎず、落ち着いた大人っぽい風合いを併せ持つ華やかなデザインに。ストックやスカビオサが状態良くドライになる喜び。同系色の花材を集めることが心躍らせるポイント。

花材

バンクシア／ペッパーベリー／ストック／スカビオサ／センニチコウ／キリフキソウ／宿根スターチス／バラ／ヒペリカム／ホワイトレース／ブルニア（すべてドライフラワー）

ショコラ色のフラワーバレンタイン

recipe ; 制作・A_harusame_

床面からゆるりとフワッと立ち上がる卓上リース。ドライフラワーの茶褐色を生かし、シンビジウムのチョコレート色を加えた上品なデザインに。フラワーバレンタインとして、チョコレート色の花を意識するタイミングで愛でたいリース。中央にお気に入りのキャンドルを置くことで、植物の光と影が楽しめる。

花材

タラスピオファリム／シンビジウム／アストランチア／アンスリウム／ケイトウ／ユキヤナギ／ユーカリ（ベルガムナッツ、グニ）／ゼンマイ／アネモネ／サンキライ／アカメヤナギ

氷上のリース

recipe ; 制作・Plaisir by midori

氷上で舞うアイススケーターのように花々を配したリース。個性的なリーフをポイントに使用して細やかさとしなやかさ、そして時に力強さをも表現している。ワイヤーにストローパインを施すことで、小花をアレンジしやすいように工夫。ベースを細く作ることで繊細な印象を持たせた。色を重ねることもドライフラワーならではの楽しみ方。

花材　アゲラタム／アンモビューム／宿根スターチス‘タタリカ’／アジサイ／サルビア／ユーカリ・ニコリー／リューカデンドロン・プルモサムヤング／グレビリア‘ドーンパープル’

南半球に思いを馳せて

recipe ; 制作・NP

ネイティブフラワーを大胆に使用し、ドライフラワーならではの風合いを生かしたアシンメトリーなデザイン。バランスに気をつけながらワイヤーで巻き留めて、グレビリアの動きや立体感を出すように並べていくのがポイント。動きが楽しめるリース。

花材

プロテア（ピンクミンク、アイビー）／バンクシア・アティニュアータ／リューカデンドロン‘サファリサンセット’／ニゲラ（実）／グレビリア‘アイバンホー’／シルバーブルニア／ナンキンハゼ／レースフラワー／ポピー／羽根

雨の日の花摘み

recipe ; 制作・ルフルロン 中本 健太

爽やかな香りを抱きしめるような、雨の日に匂いたつ花を摘んできたかのような香りのリース。複数のハーブを組み合わせることで、甘い香りとほんのりスパイシーな香りを楽しむことができる。香りもリースの大切なエッセンス。

花材

クリスマスローズ／フランネルフラワー／クレマチス／オレガノ‘ケントビューティー’／フレンチラベンダー／トリフォリウム‘ツインキャンドル’／ニゲラ（実）／スカビオサ（ステルンクーゲル、ほか1種）／ラグラス／クリーピングタイム／ローズマリー／スターチス／宿根スターチス‘ブルーウエーブ’／ダスティミラー

テーブルを爽やかに演出

recipe ; 制作・un plus+

ローズマリーの枝をくるっと丸め、お気に入りのリボンで留めるだけでナチュラルなリースが完成する。ローズマリーは細くて自然な曲がり具合のものを利用すると、きれいな輪にしやすい。テーブルを爽やかに演出するリース。

花材	ローズマリー

魅力的な形のサントリナ

recipe ; 制作・NP

剪定したサントリナをワイヤーで巻いてリースにすれば、虫除けにもなるハーブのインテリアとして活用できる。サントリナはシンプルながら、葉の色や形、香りが魅力的な花材。リースの土台もサントリナを利用してワイヤーでぐるぐると巻いて制作している。

花材	サントリナ

バラ'リベルラ'を愛でて

recipe ; 制作・hiromi

ピンクカラーのリベルラというバラを愛でたときの、その感動を表現したリースを制作した。花名はギリシャ周辺の水辺に生息する青いトンボからきている。バラの個体差があるため、同じ大きさの花を意識して配置し、ぎゅっと詰めつつも一輪一輪の表情を隠さないようにした。テーブルリースとして観賞した後、ドライにしても楽しめる。フリル系のバラを使用することでふんわり感を出した。

花材	バラ'リベルラ'

ガーデンを凝縮したリース

recipe ; 制作・evelyn エマハミ

自分のガーデンから収穫した花材を使い、柔らかな雰囲気のリースを制作した。バラを主役に、庭に咲く草花を多数あしらった。中輪で華やかなバラ（ミミエデン）を多く入れることで、豪華さも演出。

花材	バラ（ウォラトンオールドホール、ジェントルハーマイオニー、ミミエデン）／アルケミラ・モリス／ヒューケラ／ビバーナム・スノーボール

ホワイトとグリーンのナチュラルなリース

recipe ; 制作・HANARA

アジサイは一つひとつワイヤリングしてリース型フローラルフォームに挿し込み、バラはワイヤリングせず直接ボンドで接着していく。カスミソウなどの小花はグルーを茎に付けて花材の間に挿し込んで全体のフォルムを整えた。

花材　アジサイ／バラ／（以上プリザーブドフラワー）／グリーン（アーティフィシャル）／カスミソウほか

プリザーブドフラワーの色鮮やかさを生かして

recipe ; 制作・HANARA

華やかなピンクカラーのフラワーリース。プリザーブドフラワーのバラやカーネーションをメインに、アジサイや小花、ドライフラワーのスターチス、センニチコウなどを使用し、イチゴのスイーツのような可愛らしさを表現した。美しい丸い形に整えることがポイント。プリザーブドフラワーの特徴である色鮮やかさや繊細さを生かしたリースになっている。

花材	アジサイ／バラ（いずれもプリザーブドフラワー）／センニチコウ／カスミソウ／ペッパーベリー／スターチス／木の実数種

ビタミンカラーのプリザーブドフラワーリース

recipe ; 制作・HANARA

プリザーブドフラワーのバラを中心にアジサイや小花、スターチスやデルフィニウムのドライフラワーを合わせて可愛らしさを演出。アジサイは一つずつワイヤリングしてフローラルフォームに挿し、バラはワイヤリングせず直接接着する。

花材	アジサイ（プリザーブドフラワー）／バラ（プリザーブドフラワー）／センニチコウ／カスミソウ／ペッパーベリー／スターチス／デルフィニウム／木の実数種

大人っぽい落ち着いた雰囲気

recipe ; 制作・HANARA

白×プラチナカラーの落ち着いた大人っぽい雰囲気のリースを制作。プリザーブドフラワーのバラをメインに、アジサイやカスミソウ、アーティフィシャル花材、ゴールドのオーナメントなどをたっぷり使用した。壁やドアに掛けたり、立てかけたりすることができるほか、キャンドルベースとしても活用できる。

花材	バラ（プリザーブドフラワー）／アジサイ／ソラフラワー／カスミソウ／アーティフィシャル花材

プリザーブドフラワーの感動

recipe ; 制作・VOICE OF PLANTS

プリザーブドフラワーのみを使用して制作したリース。20 年ほど前に初めてプリザーブドフラワーを見たときの感動を思い出しながら、ローズガーデンに居るような幸福感のあるリースに仕上げた。花色の配置はバランスを考慮し、厚みのあるふんわりとしたリースになるよう、断面はドーム型をイメージして整えた。

花材

バラ／スカビオサ／ラナンキュラス／アストランチア／アジサイ（すべてプリザーブドフラワー）

recipe ; 制作・nico ニコ

フレッシュなアジサイをドライフラワーにしたものとプリザーブドフラワーのアジサイを、ひと枝に咲く花としてイメージしリースに仕上げた。ドライフラワーのアジサイをそれぞれ細かくパーツにして組み合わせている。アンティークな風合いも感じられるHortensia（オルテンシア：英語で西洋アジサイの意）づくしのリース。

花材	アジサイ（ドライフラワー・プリザーブドフラワー）／バラ（葉）／シャリンバイ／サンキライリース

Hortensia

ミモザの日に贈る

recipe ; 制作・大江 由美

3月8日の「ミモザの日」に贈るためのリース。ミモザだけでシンプルに作り、明るいイエローとフワフワ感を表現した。王冠を中央に飾り、庭で摘んだパンジーをガラスのタンブラーに添えている。手のひらサイズくらいにカットしたミモザを、ボリュームやラインに気をつけながら時計回りに挿して制作している。

花材	銀葉ミモザ

フワフワ春らしい雰囲気で

recipe ; 制作・六花 rocca

ミモザをベースにしたリースを制作した。白、ベージュ、グリーンの花材を組み合わせ、ミモザが引き立つような春らしい雰囲気を表現した。ミモザの花のフワフワ感を損なわないようにしながらワイヤーを巻いていく。

花材　銀葉ミモザ／エリンジウム‘シリウス’／フィリカ／フランネルフラワー／ユーカリ・ニコリー

ミモザのリース

recipe ; 制作・六花 rocca

ミモザをベースに統一感のある色味の花材を合わせた。花材はドライになったときにスカスカにならないように詰め気味に配置した。

花材　ミモザ／フランネルフラワー／スカビオサ‘ステルンクーゲル’／エリンジウム‘シリウス’／グニユーカリ

recipe ; 制作・華屋・リンデンバウム 眞木 香織

寒い雪国の冬に訪れた、春を呼ぶミモザ。リースを作る際は寝かせて作らず花を立たせて浮き上がるように麻ひもを使い紡いでいる。

花材　ユーカリ／ミモザ‘ミランドール’

冷たさと生命の暖かさ

春を待つミモザのリース

recipe ; 制作・華屋・リンデンバウム 眞木 香織

明るいユーカリのグリーンとイタリアミモザのミランドールを使って、春を待つリースを制作した。ユーカリとミモザをたっぷりと用いて、まずはリースベースの左側3分の2に、続いて右側の3分の1にユーカリとミモザをたっぷりと配し、仕上げにリボンを取り付けて完成。

・資材　ユーカリ／ミモザ'ミランドール'

ミモザとスターチス

recipe ; 制作・華屋・リンデンバウム 眞木 香織

ベースにスターチスを使用し、その上にミモザとカスミソウを重ねて、フワフワとした春のリースを制作した。スターチスをベースに配した後、ミモザとカスミソウをふんわりと立ち上げながら紡いでいくことで完成した。

花材	スターチス／真珠葉ミモザ／カスミソウ

ミモザの中に蝶のようなルナリア

recipe; 制作・ちぐさ

早春のころをイメージしたリース。ミモザを散りばめ、ルナリアを蝶に見立てて重ねた。光を浴びたルナリアがキラリと光るよう、ピスタキアの動きも考えながら、花材を束ねたミニブーケをたくさん作り、それを詰めすぎないようリースベースに巻き付けて制作した。

花材

ミモザ'ミランドール'／ルナリア／アストランチア／レースフラワー／ユキヤナギ／ユーカリ（グニ、ニコリー）／ピスタキアリーフ／キンポウジュ／ツゲ／エミューファーン／ヘクソカズラ／ビバーナム・ティナス

春に咲きこぼれるミモザ

recipe ; 制作・ルフルロン 中本 健太

冬から春への移り変わりをリースに。ミモザの花が色の塊として重なり合わないように配置している。 色の流れを作り、グレーや黒の実ものを効かせてシックなスタイルに仕上げた。

花材

ミモザ‘ミランドール’／ルナリア／ユーカリ（グニー、ニコリー）／ツゲ／ビバーナム・ティナス／ヘクソカズラ／オホデリャマの実／ヒカゲカズラ／ベニマルツゲ／シロモジ／アルビフローラ／ライスフラワー

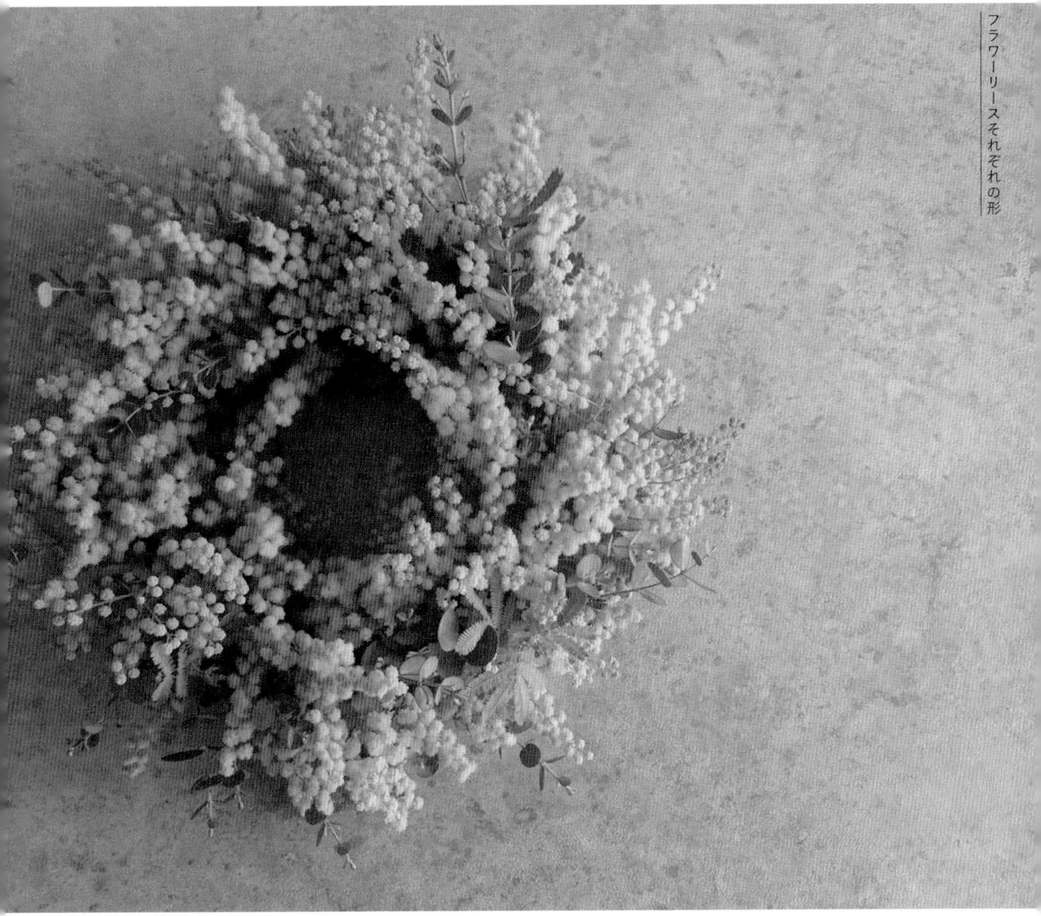

春を告げるミモザのリース

recipe ; 制作・plus F. 秋山 恵美

ミモザだけで作った春のリースに、相性の良いユーカリをプラスして贅沢に仕上げた。ミモザとユーカリの長さを調整しながら、リースベースにワイヤーで巻き付けている。

花材	銀葉ミモザ／グニーユーカリ

フレッシュミモザ

recipe ; 制作・hiromi

ミモザ（さきがけ）をメインに、紫葉のミモザ（プルプレア）をアクセントに動きを出し、生き生きとした姿を目指した。ユーカリをベースにして花材を重ね、プルプレアの紫葉や蕾を配置する。ユーカリの茎も飾りとして使用し、ボリュームをプラスした。きれいに咲いたフワフワの黄色の部分を最後に目立つ位置へ配置することで、リースの形を整えた。

花材	ミモザ（さきがけ、プルプレア）／ユーカリ・ポポラス／リース型フローラルフォーム／コールドグルー

ワイルドさを求めて

recipe ; 制作・hiromi

ミモザリースにワイルドさを加えるため、合わせるユーカリはかっこいい雰囲気のある‘クラドカリックス’を使用し、長さを切り揃えた花材を小さく均等に束ね、渦を巻くような躍動感のあるスタイルを意識し、リースフレームに大胆にワイルドに重ねていく。ミモザは多めに使用して、ドライになっても淋しくならないようにした。

花材	ミモザ／ユーカリ（クラドカリックス）

麦わら帽子をリースに

recipe ; 制作・NP

ガーデンウエディング用に制作した麦わら帽子は、使用後に壁に飾って記念のリースとしても楽しめる。花材はすべてワイヤリングして、ワイヤーをベースにしてふんわりとまとめた。

花材　ミモザ／エバーラスティング／ルナリア／ローダンセ／ニゲラ／パンパスグラス／ホロホロ鳥の羽根

シンプルな可愛らしさ

recipe ; 制作・NP

ミモザとユーカリのシンプルなハーフリース。リボンやミニタグで可愛らしさを演出。ミモザの葉も使ってボリュームが出るように。

花材	ミモザ／ユーカリ・ニコリー／キウイヅル

ナチュラルで、場所を選ばず

recipe ; 制作・NP

ミモザとイヤーミングデザートのリースを、ナチュラルで場所を選ばず飾りやすいサイズ感に仕上げた。イモーテルは小分けにしてワイヤリングし根元に巻き付け、リボンやフィリカでカバーすることでまとまりのあるデザインを作り上げた。

花材　ミモザ／アマランサス'イヤーミングデザート'／ユーカリ・ニコリー／イモーテル／ルリタマアザミ／フィリカ・プルモーサ／スカビオサ'ステンクーゲル'／アカヅル

Mimosa のワルツ

recipe ; 制作・nico ニコ

春の訪れを喜び楽しむ様子を表現したデザイン。ミモザで踊るような動きを表現し、繊細で優しい表情を楽しんでもらえるようにした。ミモザの花の乾いた姿を可愛らしく魅せるために、しずく形のベースに自然なカーブを描くように配した。

花材　ミモザ／レースフラワー（葉）／アジサイ２種／ユーカリ（ニコリー、アンバーナッツ）

庭で育てたセンニチコウ

recipe ; 制作・HANARA

庭で育てた白・ピンク・紫のセンニチコウを使った小さなリースは、プリザーブドフラワーのアジサイやドライフラワーと組み合わせてもかわいい。ミニリースの土台に花材をグルーで貼り付けるだけで簡単に作れるため、時間がないときにも最適。

花材　センニチコウ／アジサイ／ダスティミラー／スモークツリー

キャンドルリースで一体感

recipe ; 制作・六花 rocca

くすみカラーのブルーが美しいスモークツリーをベースに、明るい色味のアジサイとキャンドルを合わせることで一体感を演出した。

花材　スモークツリー／ルリタマアザミ‘ベッチーズブルー’／オレガノ‘ケントビューティー’／ヤマアジサイ／ウツボグサ／ニゲラ（実）

espoir 希望

recipe ; 制作・nico ニコ

雪が降り積もる季節に、クリスマスローズは美しい花を咲かせる。真っ白な雪の中で恥じらいながら咲くようなその姿は、とても美しく、希望の光のように感じられる。柔らかく優しい八重咲きの花は、まるで語りかけるかのように、その優しさと強さを表現している。そんなクリスマスローズで作り上げた希望のリース。

花材	クリスマスローズ（エレガンスアイス、エリックスミシィ）／レースフラワー'ダウカスダーラ'

多くの実りを願って

recipe ; 制作・ちぐさ

開業のお祝いに向けて制作されたリースには、多くの実りを願って、たくさんの実ものが散りばめられている。丸いリースの形は永遠を表し、受け取る人を喜ばせる。花を少しずつワイヤリングしてミニブーケにし、それをたくさん作ってリースベースに巻き付けて制作。ミニブーケはそれぞれ異なるものを作り、リースの表情に変化を与えるように工夫した。

花材　アジサイ（ミナヅキ，ピンキーウィンキー、カシワバアジサイ、アナベル、ほか1種）／ルリタマアザミ／ドドナエア／ユーカリ・ニコリー／オウレン／オヤマボクチ／サンキライ／ノイバラ（実）／ヘクソカズラ／ツルウメモドキ／ヒオウギ（実）／ゲットウ（実）／センダン／ドングリ

魅了する グラデーションカラー

recipe ; 制作・hiromi

グリーン、レッド、ブラックと印象的なブラックベリーのグラデーションカラーを魅せるリース。ブラックベリーと同系色の実ものを合わせ、フルーツタルトをイメージしたデザインにした。明るいグリーンの色合いがベリーを一層引き立て、白く小さな花をつけたフィリカが粉砂糖を思わせる。ベリーのグラデーションを吟味して選ぶことが大切なポイント。

花材　ツゲ／フィリカ‘ロック’／ブラックベリー／ビバーナム・コンパクタ

Silver Leaf Wreath

recipe ; 制作・hourglass 山下 真美

シンプルなダスティミラーのリース。ドライフラワーになる際に、ボリュームが減ってリースベースが見えることがないようにダスティミラーをたっぷりと使い、小さな束を作ってからベースに巻き付けて完成させた。Simple is Best!! シンプルだからこその良さがある。

花材	ダスティミラー

バンクシアリーフのシンプルなリース

recipe ; 制作・ちぐさ

バンクシアリーフの美しい裏白の葉を使って、シンプルで立体的なリースを制作した。バンクシアリーフは経年変化が少なく、長く美しい姿を楽しめる。ドライになる前のバンクシアの葉2〜3枚を1組にし、ワイヤーで束ねてミニブーケを制作。その際、葉の1枚1枚の動きを大切に考えて、葉先の方向、大きさ、表と裏のバランスを計算しながら束ねた。ミニブーケは1日程度乾かして、葉が自然に動き始めるのを待つ。リースベースに乾燥したミニブーケを乗せて、葉の動きを見ながらワイヤーで巻き付けた。

花材	バンクシア（葉）

真っ白な雪とカスミソウのリース

recipe ; 制作・華屋・リンデンバウム　眞木 香織

白い雪がキラキラと輝く晴れ間に、真っ白な雪と合うカスミソウのリースを制作した。カスミソウはドライフラワーになると細く痩せてしまうため、三層の高さにして厚みと深みを持たせている。リース制作時には麻ひもを使用し、土に返せるリースとなるように心がけた。雪国ならではの冷たさや暖かさを伝えるカスミソウのリースで、陽射しとともに暖かく包まれる雪国のひとときを楽しんで。

花材	カスミソウ

ゆらゆらと動く小さな輪

recipe ; 制作・ルフルロン 中本 健太

柔らかな質感が特徴のラムズイヤーを使用し、葉と花の流れを確かめながら、フワフワゆらゆらと動く小さな輪を作った。柔らかで温かみがある、触ってみたくなるリース。

花材	ラムズイヤー

ユーカリだけの
シンプルなデザイン

recipe ; 制作・深川 瑞樹 ハナミズキ / 花と枝葉

シンプルなデザインが美しい、ユーカリだけのリース。フレッシュな状態からドライに変化する様子を楽しむ。乾燥するとボリュームがなくなるため、厚めに重ねて制作する。

花材	ユーカリ・シネレア

スイートピーのフワフワ感

花材

スイートピー／レース素材の葉

recipe ; 制作・un plus+

フリルのようなスイートピーのフワフワ感をギュッと集めてロマンチックに仕上げたリース。リーフモチーフのレースを散りばめ、甘さを増している。スイートピーは1輪ずつに切り分け、花びらが優しく重なるようにリース型フローラルフォーム挿し込んでいった。

客人を優しくお出迎え

recipe ; 制作・toccorri

植物の種や豆を花びらに見立て、1輪ずつ丁寧に作った花をまとめた種花のリース。さまざまなデザインの種花を贅沢に使用し、ヨーロッパの山々に春が到来し野花たちが咲き乱れる様子を表現した。リースの土台にはマツカサやコウヨウザンなど、山の恵みがぎっしり。種花の一つひとつにワイヤーをかけ、リースベースに1本ずつ巻き付けて成形したため、可憐な見た目とは異なり、重量感のあるがっしりとした作りとなっている。中心にカウベルを付けてドアリース仕立てに。カランカランと鳴るカウベルの音と共に、種花の間から顔を出すシナモンやハッカク、クローブ、カルダモンなどのスパイスがほのかに香り、客人を優しく迎える。

花材

カボチャ（種）／トウモロコシ（種）／メロン（種）／インゲンマメ／オーツムギ／シナモン／クローブ／ハッカク／カルダモン／エゴマ／キャラウェイ／オレガノ／ブラックペッパー／マスタードシード／ポピーシード／セージ／ヘーゼルナッツ／ワタカラ／コウヨウザン／ヤシャブシ／マツカサ／ヒメシャラ／カラマツ／メタセコイア／ヒノキ／ヒバ／モミジバフウ

バレンタインギフトとして

recipe ; 制作・toccorri

コーヒー豆の花と革花を用いてシックなトーンで作られたリース。赤いスエードリボンに想いを託し、相手に気持ちを届ける。コーヒー豆はグルーで固定し、革の花にはゴールドワイヤーやビーズを配置して「想い」を表現。コーヒー豆と革の花の間にはスパイスをあしらった。すべての素材をワイヤリングし、それを丸く組んで丁寧にリースの形を作った。華美な装飾を削ぎ落とし、無骨な素材を集合させた男性のためのリース。

花材

コーヒー豆（生豆／ロースト）／シナモン／クローブ／ハッカク／エゴマ／マスタードシード／ポピーシード／キャラウェイ／ヘーゼルナッツ／カシュリナ／ヤシャブシ／ヒメシャラ／メタセコイア／ヒノキ／スエードリボン／ビーズ／ブイロンワイヤー／革

コーヒー豆と革のコラボレーション

recipe ; 制作・toccorri

コーヒー豆は生豆とロースト豆の２種を使い、革で作った花はスパイスやワイヤーを加え制作。イエロー、ベージュ、ブラウンの革花は、他の素材とも自然になじむ、粋な花に。リースのテーマは「コーヒー豆と革のコラボレーション」。天然素材の質感を最大限生かすためにごくシンプルに装飾している。照明を落としコーヒーを片手に、心がほぐれる瞬間を感じられるリラックス空間となるように。

花材

コーヒー豆（生豆／ロースト）／トウモロコシ（種）／シナモン／クローブ／ハッカク／エゴマ／マスタードシード／ポピーシード／ローズマリー／カシュリナ／ヤシャブシ／ヒメシャラ／メタセコイア／ヒノキ／スエードリボン／ビーズ／ブイロンワイヤー／革

ゲットウの実で作ったミニリース

recipe ; 制作・NP

ゲットウの実で作ったミニリースを、お気に入りのフレームに入れることでインテリアにも馴染むものにアレンジした。小さなベースに丁寧にグルーで実を付けていく。フレームの台紙には両面テープでしっかりと布を貼り、グルーでリースを接着する。水平にして十分に乾かして完成。

| 花材 | ゲットウ（実）／ユーカリ・トレリアーナ |

木の実のタルト

recipe ; 制作・nico ニコ

大きくてコロンとして可愛らしいトチの実の殻。本来捨てられてしまうその殻を、ケーキのデコレーションのようにクルミやテトラゴナナッツと一緒に盛り付け木の実のタルトのように仕上げた。

花材	トチノ実（殻）／クルミ／ユーカリ・テトラゴナ／テイカカズラ／サンキライリース／ラフィア

春の花で誕生日を祝う

recipe ; 制作・ooco

小さな子の誕生日をイメージして、春らしい爽やかなグリーンの草花をたっぷり使用し、生命力溢れるデザインを心掛けて制作した。リースの形から広がっていくように葉物を配置し、ワイヤーで年齢の数字を作り装飾。バースデーフォトにぴったりなデザインになっている。リース外側にはタラスピオファリムをたくさん配置して、全体にナチュラルでふんわりとした広がりを持たせた。

花材　タラスピオファリム／ユーカリ・テトラゴナ／クリ／宿根スターチス／アストランチア

芽吹きの春

recipe ; 制作・hiromi

「芽吹きの春」をテーマにした球根リース。可愛らしい花々にシックなフリチラリアを交え、葉の動きや花が美しく見えるデザインに仕上げた。、ダーク系の色味でまとめて暗から明への季節の移り変わりを表現。球根はワイヤーで固定し、根の部分を苔で覆い保水することで、数種の球根つき花材を立体的かつランダムに配置できるようにした。最後にワイヤープランツやヒゲヅルで花を囲むようにあしらい鳥の巣のような趣を演出。すべて開花しているものよりも蕾を使用することで、蕾の可愛らしさと開き始める感動を味わうことができる。

花材

ムスカリ／フリチラリア・メレアグリス／スイセン‘ティタティタ’／チューリップ‘ポリクロマ’／コケ／ワイヤープランツ／ミモザ・スペクタビリス／ワスレナグサ／ゼンマイ／ユキヤナギ／アオモジ

春の花を集めて

recipe ; 制作・un plus+

柔らかで少し大人っぽく、そしてほんのり可愛らしさも感じるリースを、春の花を集めて制作した。ラベンダー色の優しさを引き立てるためにダスティミラーを随所に加え、花びらのふんわり感を潰さないよう留意。全体的に柔らかく温かみのある仕上がりに。

花材

パンジー／ラナンキュラス／リューココリーネ／スカビオサ／ムスカリ／ダスティミラー／デルフィニウム

優しさの中にも大胆さを

recipe ; 制作・NP

優しくて温かな春生まれの心の友へ贈ったリース。優しい中にも大胆さを見せる彼女のイメージで制作した。プロテアをポイントに、立体的なデザインになるように。小花とプロテアを組み合わせることで互いが引き立ち、贈る相手の個性を表現したオリジナリティのあるリースが完成した。

花材

プロテア‘ピンクアイス’／グレビリア‘アイバンホー’／ユーカリ・ニコリー／アマランサス‘イヤーミングデザート’／ユキヤナギ／フィリカ（エリコイデス、プルモーサ）／宿根スターチス‘エバーライト’／スターチス‘サンデーアイス’／スカビオサ‘ステンクーゲル’／スプレーブルニア／クラスペディア／ニゲラ

新月に作った春のリース

recipe ; 制作・NP

クラスペディアやミモザが星に見えるように組んでいる。ミモザは壊れやすいため、最後に優しくピンセットで配置した。スターチスを使用したリースはまとまった印象になるが、そこにユーカリを入れることで躍動感をプラス。春の夜空をイメージしたリースが完成した。

花材　ユーカリ・ニコリー／アマランサス'イヤーミングデザート'／スターチス'ハニーアプリ'／ヤツデ（実）／グンバイナズナ／宿根スターチス'ブルーファンタジア'／フィリカ（コットンブッシュ、プルモーサ）／クラスペディア／レースフラワー／ニゲラ／ミモザ

花開くとき

recipe ; 制作・nico ニコ

春の訪れを喜び、花開くときを表現したリースを制作。小さく繊細な花を丁寧に紡ぎ、春の訪れに優しく寄り添うデザインに仕上げた。春の芽吹きと開花時の植物が持つ強さと優しさを表現するため、レースフラワーの葉や花はほかの花材よりも動きが出るようにあしらっている。

花材	ムスカリ／クリスパム／アジサイ／レースフラワー／宿根スターチス‘カスピア’／アナハリス／アキレア

鮮やかな優しい色を楽しむ春

recipe ; 制作・nico ニコ

鮮やかな優しい色を楽しむ季節を感じてほしいと、小さな輪の中に春をぎゅっと詰めたリース。小さく細かな花を凹凸をつけずに配置し、レースフラワーの葉を自然な動きが出るように組み込んだ。

花材　アキレア／ローダンセ／ムスカリ／シルバージュベリー／アジサイ／レースフラワー（葉）／サゴ／フランネルフラワー

春色で彩る お祝いリース

recipe ; 制作・tobiusagi miyu

パッと心が明るく嬉しくなるような、春の色合いのお祝い用リース。優しく柔らかい印象を大切にし、鮮やかすぎないパステル調からアンティーク調へのピンクカラーグラデーションをメインにして制作した。ホワイトカラーの花材をところどころに使用することで、色数や花の種類をたくさん使用しても、まとまって見えるように工夫している。自家製の染め花を使用することで、デザイン全体の色のトーンを調整した。

花材　バラ／ラナンキュラス／トルコギキョウ／カーネーション／コデマリ／スイートピー／ヒペリカム／ユーカリ

春のリース

recipe ; 制作・Tomomilky

春の柔らかさとフェミニンな印象を持つ花材を用いて、春のリースを制作。輪郭には均等にグリーンを配置し、一定のバランスが取れたところでスイートピーを挿入。隙間はグリーンで埋め、最後にメインとなるラナンキュラスとニゲラを加えた。

花材　ラナンキュラス／ニゲラ／スイートピー／アイビー

母の日に贈るリース

recipe ; 制作・ルフルロン 中本 健太

庭に舞う爽やかな風を、ニゲラの花やスターチス（ブルーファンタジア）の繊細な揺れで表現した。庭の植物を摘み、香りと共に言葉にできない想いを込めて。

花材

クリスマスローズ'ハッピーベル'／トリフォリウム'ツインキャンドル'／ニゲラ／アストランチア・マヨール／クレマチス／ラグラス／フレンチラベンダー／スターチス／ダスティミラー'シラス'／ユーカリ／宿根スターチス'ブルーファンタジア'

元気を与える色使い

recipe ; 制作・ooco

初夏の花に彩られた鮮やかなリース。見る人の心を明るくし、元気を与える色使いに配慮。グリーンを外側に向け配置し、イエローをアクセントに散りばめることで、ドライフラワーでありながら華やかさと植物の生命力を表現した。

花材	クラスペディア／アストランチア／バラ／カスミソウ／宿根スターチス／ミモザ／ユーカリ／レースフラワー

夏の森の景色

recipe ; 制作・ちぐさ

夏の清涼感と森林の美しさをイメージして、カシワバアジサイにモミジや苔を組み合わせた夏のリースを制作。夏の季節ならではの実を取り入れ、季節感を出すように心がけた。カシワバアジサイは白から薄いグリーンに変わるタイミングで採取し、乾燥させることでパリッときれいに仕上げた。モミジも葉と実を採取後、乾燥して使用。葉先の美しさを生かすため、動きを妨げないよう配慮して組み込んだ。これらの工夫により、夏の清流や苔むす岩、青々とした葉の茂る景色を表現した美しいリースに。

花材	カシワバアジサイ／モミジ（葉・実）／カニクサ／ドドナエア／ヤマシダ／シノブゴケ／ノイバラ（実）

夏の夜に見た花火

recipe ; 制作・ルフルロン 中本 健太

淡い紅色の花たちを集めたリースは、夏の夜に見た花火の美しさを思い起こさせる。スモークツリーやゴアナグローの軽やかで繊細な動きを取り入れ、遊び心あるデザインとなっている。

花材

アジサイ（プリザーブドラワー）／セルリア‘ブラッシングブライド’／クレマチス／レースフラワー‘ダウカスダーラ’／アルバ・シルバーキャット／スモークツリー／ペッパーベリー／アストランチア‘ローマ’／ライスフラワー／スターチス／宿根スターチス／ゴアナクロー／ダスティミラー／ユーカリ・テトラゴナ

初夏に揺らぐ

recipe ; 制作・ルフルロン 中本 健太

初夏に揺らぐ花をリースで表現。スモークツリーが主張しすぎないように、それでいてはっきりと存在感が出るように、分量と配置に気をつけた。

花材

スモークツリー／アジサイ‘ミナヅキ’／セルリア‘ブラッシングブライド’／ニゲラ（実）／ブラックベリー／宿根スターチス／ビバーナム・ティナス／ウールブッシュ

軽やかな爽やかさ

recipe ; 制作・hiromi

明るいグリーンの構成で、軽やかな爽やかさを表現した夏のリース。花材はそれぞれの形状を生かし、微妙な重なりを意識して立体的に配置。スパイスとしてセルリアを入れ、グリーンの中にピンクの可愛らしさをプラス。草花を使用しナチュラルテイストに仕上げた。

花材　タラスピオファリム／フロックス／セルリア‘ロゼア’／アストランチア‘ローマ’／ニゲラ（実）／ピットスポラム

FILE 152

熱帯の森

recipe ; 制作・深川 瑞樹 ハナミズキ / 花と枝葉

夏の到来を告げる季節に、熱を帯びたスモークツリーの赤と、流木とシダを使い、熱帯の森をイメージしたリースを制作した。

花材	スモークツリー‘レッドファー’／流木／ビバーナム／リューカデンドロン‘ライムブッシュ’／ユーカリ‘ベルガムナッツ’／シースターファーン

アジサイの夏

recipe ; 制作・Fcrown

夏の暑さを吹き飛ばす、清涼感のあるアジサイのリース。アジサイの葉はリースのサイズ感に対して大きすぎるので、アスチルベやヒメミズキなど小さな葉と組み合わせてバランスを取っている。アジサイは水下がりしやすいため、十分に水揚げをしてから制作する。フローラルフォームは薄くスライスしてフレームに貼り合わせ、全体に霧吹きをし、半日ほどビニール袋で密封してから飾るとより長持ちする。

花材	アジサイ／アスチルベ（葉）／ヒメミズキ

初夏の爽やかグラデーションリース

recipe ; 制作・サンフラワー ナチュレ店

アジサイをふんわりとさせるために、小さなパーツに分けて配置。細葉のユーカリはリースのバランスを考慮して、適切な角度と向きになるよう組み込んだ。

花材

アジサイ‘グラデーションピング’／ユーカリ／カスミソウ（すべてプリザーブドフラワー）カスミソウ ／ドライデージー（ドライフラワー）

秋の実りを祝う オーバルリース

recipe ; 制作・hourglass 山下 真美

オレンジに色づいたホオズキや赤いケイトウを入れて季節感を表現。秋ならではの花材を使い、ハロウィンも意識して作った個性的なリース。ドライになった花材をグルーガンを用いて接着し、ピンクッションやケイトウのバランスを気にしながらグルーピングして季節の豊かさを表した。

花材

ホオズキ／ピンクッション／スカビオサ‘ステルンクーゲル’／ゼンマイ／ケイトウ／ゲットウ（実）／カンガルーポー／リューカデンドロン／シルバーブルニア／ダスティミラー／グレビリア‘アイバンホー’／ハナナスほか

セロシアが奏でる秋色リース

recipe ; 制作・西口 晶代

色鮮やかな花が咲き誇る中、優しい色のセロシアが秋の到来を告げる。セロシアの葉色、アルテナンテラ、アジュガをシンプルに組み合わせ、花苗を数個束ねて植え込んでいる。色合わせと円の美しさを大切にし、隣り合う花束をパズルのように植え込むことで、美しいリースを完成させる。セロシアの向きで流れを生み出すことがポイント。

花材	セロシア／アルテルナンテラ／アジュガ／ヤシの実チップ／ミズゴケ

自然に温もり

recipe ; 制作・華屋・リンデンバウム 眞木 香織

秋から冬にかけて手に入る実ものを使い、自然の温もりを表現した。コットンを添えることでクリスマスを待つ楽しい気持ちも演出。花材はグルーでリースベースに接着し、その際、花材の見え方を確認しながらバランス良く詰めていくことが重要となる。

花材 コットンフラワー／サンキライ／センニチコウ／ペッパーベリー／クルミ／マツカサ／シダローズ／ゲットウ（実）／ユーカリ（実）

豊かな実り

recipe ; 制作・ちぐさ

豊かな実りや紅葉の季節を感じさせるような秋のリースを、赤や黄色、オレンジに色づいた実を入れて仕立てた。多種多様な花材が入っていて直径17cmと小さいながらも華やか。色彩が多いので、花材の配置にはとくに気をつけながら制作している。実ものは高低差をつけて立体感を出すことで、より一層魅力的な仕上がりに。

花材　アジサイ（ピンキーウィンキー、カシワバアジサイ、ほか1種）／モミジ（葉・実）／カニクサ／ドドナエア／シダ／アストランチ／ノイバラ（実）／ツルウメモドキ／ヘクソカズラ／シャリンバイ／ゲットウ（実）

秋の草むらにある雑草

recipe ; 制作・保のか 山本 雅子

秋から冬にかけて作るリースを、山の中のツルや木の実だけでなく、秋の草むらにある雑草なども合わせて進化させた。根付きのカンスゲを同方向に麻ひもで固定し、ワイヤーを二重にして強度を高めた後、数本ずつに束ねたエノコログサをと同方向に挿さしてワイヤリングした。最後に麻ひもを巻いて取っ手を付け、持っても可愛らしく見えるように仕上げた。エノコログサは 300 本以上使用している。

花材

エノコログサ／カンスゲ（ドライフラワー）

魅了する茜色

recipe ; 制作・ルフルロン 中本 健太

茜色が美しい秋の実ものや小花を贅沢に詰め込んだ季節のリース。赤のグラデーションが印象的になるよう、かつ、植物の持つ色がそれぞれ際立つように、花・葉・実をバランス良く配置している。

花材

ヒムロスギ／コニファー‘ブルーアイス’／カンガルーポー／クリスマスブッシュ／ナンキンハゼ／シャリンバイ／シキミア／マンリョウ／リューカデンドロン／グレビリア‘ゴールド’／レプトスペルマム／ヤシャブシ／オレガノ‘ケントビューティー’／サンキライ／ユーカリ・パルブラ

秋風にそよぐ パンパスグラス

recipe ; 制作・plus F. 秋山 恵美

美しい白銀色の穂を持つパンパスグラスを使用したハーフリース。ベージュ色に染めたパンパスグラスも交ぜることで、白銀の色に深みを出している。パンパスグラスの穂や副素材の葉先の向きに注意しながらリースベースに巻き付けていった。

花材　パンパスグラス／ウィローユーカリ／ストーベ／ヤマシダ

秋のテーブルリース

recipe ; 制作・hiromi

コスモスのレモンイエローと、キャンドルのブルー系のコントラストが目を引く秋のテーブルリース。キャンドルも花と見立て、秋色のこっくりとした色合いを表現した。チョウジソウの紅葉やコスモスの葉がより季節感を高めている。ポイントはキャンドルの配置と色合わせ。そのままテーブルリースとしても、キャンドルを灯して深まる秋を味わうアイテムとしても堪能できる2Way リースになっている。壁に飾るリースにはない、テーブルリースならではの距離感が織りなす優雅な魅力を楽しんで。

花材　カーネーション／クレマチス／コスモス／ジニア／宿根スターチス／バラ／ヒペリカム／フロックス／ムラサキシキブ／チョウジソウ／ザクロ／アスター／アセビ

帰る場所

recipe; 制作・深川 瑞樹 ハナミズキ / 花と枝葉

「秋を楽しむリース（巣）」をテーマに、温かさと落ち着きを兼ね備えたデザインを作り上げた。巣のように帰る場所がある、それが素敵なことだと感じられる、そんなリースになるように。

花材

ドライアンドラ・フォルモーサ／ユーカリ（ベルガムナッツ、ポポラス、コニカルガム）／マグノリア‘リトルジェム’／アジサイ‘ミナヅキ’／シースタファーン／フィリカ・ヒューベセンス／バンクシア・ココシネア／グレビリア‘ロック’／クラスペディア／ホロホロ鳥の羽根

枯れることのない秋色リース

recipe ; 制作・tobiusagi miyu

上質なアーティフィシャルフラワーだけで作った秋色のリースは、くすみピンクやニュアンスカラーの花も、きれいなまま長く愛でることができる。アンティークな色調は、どんな部屋にも合わせやすく飾りやすい。すべての花材をワイヤリングして制作することで、高さや大きさの異なる花材が隠れたり潰れたりせず、美しく見えている。

花材　バラ／ラナンキュラス／アジサイ／アストランチア／コスモス／ベリー／オリーブ／ユーカリ(すべてアーティフィシャル)

秋の贈り物

recipe ; 制作・大江 由美

秋の贈り物にぴったりな、秋色アジサイのグリーンからパープルの色合いに、黒い真珠といわれるビバーナム・ティナスと温もりを感じるフランネルフラワーを合わせたリースアレンジメント。キャンドルにはアジサイの花びらを飾り、アジサイはフォームに挿せる長さのものはフォームに挿し、短いものはワイヤリングしてアジサイの間に入れ込んだ。色のバランスを考えながらビバーナム・ティナスやユーカリテトラゴナを切り分けて加えている。最後にフランネルフラワーを入れ、秋の贈り物の完成。

花材　アジサイ２種／ ビバーナム・ティナス／ ユーカリ・テトラゴナ／フランネルフラワー

小さな月形リース

recipe ; 制作・emigreenmoon

森の奥にたたずむ暖炉のある山小屋で、落葉樹のくるくると巻いた小枝を拾い集め、夏に咲き乱れたハーブの小さな花と葉を添えて小さな月形リースを作った。枝を太いものから繊細なものへと巻き繋ぎながら、うねりの美しさを大切にして、ドライにした小さなハーブの花と葉を組み合わせた。チェリーセージのピンクをメインに、ラベンダーセージの紫、紅葉したレモンタイムやそのほかのタイム、ハツユキカズラなどで陰影を出し、素朴ながらも繊細で美しいリースに仕上げた。

花材　チェリーセージ／ラベンダーセージ／レモンタイム／コモンタイム／クリーピングタイム／ハツユキカズラ（以上すべてドライフラワー）

冬の森をイメージして

recipe ; 制作・大江 由美

クリスマスのテーブルに飾るリースを、冬の森をイメージして制作。ヒムロスギ、ブルーバード、ブルーアイスといったエバーグリーンで美しいグリーンのグラデーションを作り、そこにスモーキーカラーのシルバーブルニアやヘリクリサムのホワイトを加え、キャンドルを灯した際に温かみのある雰囲気となるよう演出した。ユーカリをパルブラとポポラスベリーの２種使うことで、単調にならない動きのあるデザインに仕上げている。

花材

ヒムロスギ／コニファー（ブルーアイス、ブルーバード）／ヘリクリサム‘カップブルー’／ユーカリ(パルブラ、ポポラス)／シルバーブルニア

雪玉のような冬のリース

recipe ; 制作・六花 rocca

冬の雪玉をイメージしたリースは、コットンフラワーを使ってフワフワモコモコとした質感を強調。花材はすべてワイヤリングして、均等にバランスをとりグルーで接着して仕上げた。

花材　コットンフラワー／ハス（実）／ユーカリ'トランペット'／フィリカ・プルモーサ／バンクシア（葉）

recipe ; 制作・ちぐさ

冬の季節にぴったりなグリーンリースは生花から作り、リースになった状態で葉先まできれいに乾くように制作。花のようにも見えるユーカリの葉先の美しさが冬ならでは。下葉をこそげ落とし、ミニブーケにしたものをリースベースにワイヤーで巻き付けていく。葉が乾くにつれて自然に動く様子を想像しながら、詰めすぎないように注意して。

花材

ピスタキアリーフ／ユーカリ（グニ、ニコリー）／キンポウジュ／グレビリア'アイバンホー'／エミューファーン／ヤマシダ

冬のグリーンリース

春を待ちわびて

recipe ; 制作・ルフルロン 中本 健太

色彩が豊かに繋がるように、隣り合う色の相性を見極めながら花1輪、葉1枚を配置した。春を待ちわびる花の慎ましい姿が美しい。

花材

クリスマスローズ‘マグニフィシェントベル’／スカビオサ／宿根スターチス／トリフォリウム‘ツインキャンドル’／レースフラワー‘グリーンミスト’／ガマズミ／グレビリア／アカシア‘パープレア’／ヘデラベリー／シルバーブルニア／ギンコウバイ／ベニマルツゲ／ユーカリ—‘ベイビーブルー’

寒い冬に温かさを

recipe ; 制作・ルフルロン 中本 健太

拾い集めた樹木の実や植物を組み合わせて、寒い冬に温かさを与えるリースを作る。形や質感が異なるものを組み合わせつつ、色のつながりを意識して一体感を出した。

花材

エバーラスティング／ラムズテイル／シャリンバイ／ユーカリ・グロボラス／ネズミモチ／シルバーブルニア／ウールブッシュ／ナンキンハゼ／コニファー（プンゲンスポプシー、ブルーアイス、ブルーバード）／ダスティミラー／アカシア'パープレア'

FILE 172

春を待つ 1月のリース

recipe ; 制作・Mitsuki Ciołka (Lynn flowers)

春の訪れを感じさせるリース。サンキライとミモザをベースに、春のイメージでドライのスカビオサを配置。ワイヤーを使わず麻ひもでベースを固定しているので、手軽に制作できる。ミモザや花で密になる部分と、サンキライの枝の重なりのみで透け感を表現する部分を作り、リズムをつけたデザインに。

花材　サンキライ／銀葉ミモザ／スカビオサ（ドライフラワー）／デルフィニウム（ドライフラワー）／グレビリア

寒い季節に温かな気持ちになる

recipe ; 制作 · kyoko loose leaf

寒い季節には、温かな気持ちになるリースを。存在感のあるコットンフラワーを使い、温かさを表現しつつ周囲の色と調和するように心がけた。マツカサの濃い茶色からコットンフラワーの白までのグラデーションをはじめ、各花材の花びらの先から葉の枝まで、さまざまな色合いをまとめた。差し色としてピンクや紫を加えることで、暗くなり過ぎない温かな雰囲気を作り出した。飾る背景や室内の光の量、空間の1日の中での明るさの移り変わりにより、さまざまな表情を見せてくれる。

花材　コットンフラワー／バラ３種／ヒペリカム／ユーカリ２種／マツカサ５種／アスター

冬の始まりを告げる

recipe ; 制作・深川 瑞樹 ハナミズキ / 花と枝葉

秋の名残りが残る中、冬の訪れを感じさせるリース。白く染まり始めた景色を思わせるシンプルな色調でデザインし、フィリカ（ヒューベセンス）を用いてアクセントを加えている。

花材　フィリカ（ヒューベセンス、ロック）／エリンジウム'オリオン'／宿根スターチス／ユーカリ（テトラゴナ、ベルガムナッツ）／アスパラガス・ミリオクラダス

変化を愉しむ 冬のリース

recipe ; 制作・深川 瑞樹 ハナミズキ／花と枝葉

単調になりがちな緑のリースを、葉の形状や質感などに特徴のあるグリーンを用いて動きのあるデザインに仕上げた。オキナワスズメウリの束を無造作に引っ掛けて、その実が緑から赤に変化する様子も楽しめるようになっている。

花材

コニファー（ブルーバード、プンゲンスホプシー）／ヒムロスギ／グレビリア‘ロック’／銀葉アカシア／／ユーカリ（テトラゴナ、ベルガムナッツ）／ブナ／ライム／チランジア・ウスネオイデス／シースターファーン／オキナワスズメウリ

森の宝石

recipe ; 制作・深川 瑞樹 ハナミズキ / 花と枝葉

青や黒にきらめく美しいビバーナム・ティナスやシャリンバイ、ヒオウギの実はまるで天然の宝石のよう。その実をリースに散りばめた。コロキアのソリッドな枝振りを生かして、厳かな冬を想起させるデザインに。

花材

コニファー（ブルーアイス、プンゲンスホプ シー）／ヒムロスギ／チランジア・ウスネオイデス／ナンキンハゼ／シャリンバイ／ビバーナム・ティナス／ヒオウギ(実)／ワタカラ／ユーカリ‘ベルガムナッツ’／リューカデンドロン／ブナ／シースターファーン／コロキア・コトネアスター

粉雪

recipe ; 制作・nico ニコ

家の中で灯るキャンドルの灯りが優しく温かく、窓の外を見ると粉雪が舞っている。少しずつ薄らと雪が積もり白い世界へと変わっていく情景を表現したリース。アスファルトの上に薄らと積もった雪を表現するため、白い花の中にグレーの花を交ぜて制作した。

花材

アジサイ／宿根スターチス‘カスピア’／イモーテル／サゴ／SA デージーミニ／サンキライリース

雪月夜

recipe ; 制作・nico ニコ

上弦の月をイメージしたサンキライリースの上に、真っ白なコットンフラワーで雪を表現した。明るく優しい光を生み出すためにリネンの布を長く垂らして、水辺に映る月の光を再現。冬の月の輝きや光を表現することを意識したリースとなった。

花材　コットンフラワー／シルバーティーツリー／ソフトストーベ／ユーカリ／ヒムロスギ／ゴアナクロー／コアラファーン／コニファー'ブルーアイス'

冬の森 香る

recipe ; 制作・nico ニコ

わずかに香りの残るグリーンを集めて制作。大きく深呼吸をしたくなるような森の中を表現した。それぞれの花材は自然に近い柔らかさを感じられるように、伸びやかに動きを出しながらリースに配置されている。ハーフリースにし、布を添えることで、より優しい印象を与えるように仕上げた。

花材

マウンテンジュニパー／コニファー‘ブルーアイズ’／コアラファーン／ユーカリ／ソフトストーベ／シルバーティーツリー／ヒムロスギ

小さな森

recipe ; 制作・nico ニコ

小さな森を表現した小さなラウンド形のリース。ほんのり森の香りがするヒムロスギでベースを作り、少しずつ雪が積もっていくかのようなイメージで柔らかな動きを意識しながらそのほかの花材をデコレーション。森の妖精たちが冬を楽しんでいる、そんな姿を思い浮かべながら制作した。

花材

ヒムロスギ／シルバージュベリー／ルナリア／サゴ／ブベッセンス／マウンテンジュニパー

12月生まれの友人への贈り物

recipe ; 制作・大江 由美

12月生まれの友人に贈るクリスマスリース。シンプルモダンテイストが好みの友人に合わせて、アジサイやスターリンジア、ヘリクリサム、銀色に塗装したマツカサを使用した。自然素材は塗装など加工を施すことでモダンさをプラス。塗装はエバーグリーンとのバランスを考えてくすみカラーを選んだ。高さと厚みが出るようふんわりと制作しているので、テーブルリースとしても楽しめる。

花材

ヒムロスギ ／コニファー（ブルーアイス、ブルーバード）／ ヘリクリサム‘カップブルー’ ／ユーカリ・ポポラス／アジサイ／スターリンジア／ライスフラワー／ラムズイヤー／ マツカサ

食への愛と季節の彩りを贈る

recipe ; 制作・Misa Mochizuki

「食」に関わる人への特別な贈り物。煌びやかなゴールドリングをベースに、多様なグリーンで表情をつけたアシンメトリーなリース。フルーツ、スパイスなど美味しそうに見える素材を鮮やかに組み合わせることで、リース全体に活気と彩りが満ち溢れる。ベルとともに垂らしたアンティーク調のスプーンがポイント。リースの中心を飾るゴールドの装飾は取り外し可能。ホリデーシーズンの色彩が薄れ、フレッシュな印象へと変わることで、季節問わず長く楽しめる。

花材

ヒムロスギ／コニファー（ブルーバード、ブルーアイス）／クジャクヒバ／ユーカリ／アンバーリーフ(ゴールド）／稲穂(ゴールド）／シナモン／オレンジ／アップル／ローゼル／ローズヒップ／ビバーナム／シャリンバイ

Happy merry christmas !

recipe ; 制作・六花 rocca

クリスマスシーズンを楽しく過ごすためのリース。赤、緑、白の花材を使用し、雪を表現するためにコットンフラワーをワイヤリングして配置。色味のバランスにも注意しながら制作した。

花材

コニファー‘ブルーアイス’／黄金ヒバ／サンキライ／ノバラ(実)／ナンキンハゼ／シャリンバイ／ビバーナム・ティナス／リューカデンドロン‘ジュビリークラウン’／ヒエ‘フレイクチョコラータ’／パンパスグラス／コットンフラワー

山の恵みを集めたクリスマスリース

recipe ; 制作・華屋・リンデンバウム 眞木 香織

実ものを集めたクリスマスリース。グリーンをベースに、アケビツルにヒムロスギを絡め編み上げ実ものを加えて制作した。麻ひもやグルーは使用せず、アケビのツルに絡めることで自然なリースに仕上がっている。

花材

アケビ（蔓）／ヒムロスギ／ナンキンハゼ／ハンノキ（実）／ノイバラ（実）／バラ（実）／コットンフラワー／サンキライ／小枝／ユーカリ（実）

大切な人と静かに過ごすクリスマス

recipe; 制作・ちぐさ

ボリュームをおさえた、落ち着いた色調のクリスマスリース。メラレウカを星のように配置し、ブルーバードは葉を間引いてボリュームを調整。キャンドルと合わせることを考慮し、葉先から灯りが透けるようなデザインに仕上げた。大切な人と静かに過ごすクリスマスに。

花材　コニファー‘ブルーバード’／キンポウジュ／メラレウカ‘レボリューションゴールド’／ナンキンハゼ／ユーカリ・コニカルガムナッツ／シャリンバイ／ヘクソカズラ

冬の静かな森

recipe ; 制作・plus F. 秋山 恵美

冬の静かな森をイメージして制作したクリスマスリースは、しっとりとした大人の雰囲気。定番カラーの赤を控えめにし、重厚感を出すためにエバーグリーンをたっぷりと使用した。ブルーアイスや野バラの実などメインとなる花材と、ヒムロスギなどのサポートとなる花材を意識して使い分けながら、リースベースに丁寧に巻き付けて作り上げた。

花材

ヒムロスギ／コニファー（ブルーアイス、ブルーバード）／クジャクヒバ／マートル／ウンリュウヤナギ／ノイバラ（実）／コットンフラワー／ユーカリ（ベルガムナッツ、アンバーナッツ、グロボラス）／シナモン／スターアニス／カラマツ

Green Christmas

recipe ; 制作・hiromi

モミだけを使用したシンプルな Green Christmas のリース。モミの色や形状、香りを味わうため、飾りは最小限のトナカイのシルバーオーナメントのみに留め、モダンかつスタイリッシュな雰囲気に仕上げた。モミの分量と長さを均等にして制作し、余計なもののないシンプルな美しさを追求した作品。

花材	モミ

いつもと違うクリスマス

recipe ; 制作・evelyn エマハミ

グロリオサなどの花材を取り入れ、いつもと違うクリスマスの雰囲気を表現したリース。重さのある花材はフローラルフォームに挿すだけでなくワイヤーを掛けて固定し、抜け落ちないように対策をしている。飾った後はフローラルフォームの水分量に気をつけながら、水が少なくなったら追加するなどメンテナンスも忘れずに。

花材

グロリオサ／トウガラシ‘コニカルブラック’／バラ‘テディベア’／ローズヒップ／リューカデンドロン・プルモサス／ヒムロスギ／マツカサ／クジャクヒバ

Coniferous Christmas Wreath

recipe ; 制作・A_harusame_

針葉樹の質感を生かしたシンプルなクリスマスリース。リューカデンドロンの赤みや緑のレイヤーを意識して組み、クールで穏やかな雰囲気に。ゴールド着色のハスや実もので、ベーシックなクリスマスの冬の表情もプラス。針葉樹たちの力強い緑濃い生命色の中で、赤いリボンが全体を引き締めている。

花材

ヒバ／リューカデンドロン／アカシア／ユーカリ（ロングリーフ、グニ）／コニファー‘ブルーアイス’／ハス（実）

ベーシックなクリスマスリース

recipe ; 制作・NP

グリーンとホワイトの実をベースに、マツカサやリューカデンドロン・プルモサムのブラウンを加えた。リューカデンドロン・プルモサムは乾くと開いて綿毛のような姿になるため、その変化も楽しめる。大きな実ものはグルーガンで付け、チランジアは1本ずつバラしておき、仕上げにリースに巻き付けた。

花材

ネズ／モミ／ヒムロスギ／コニファー‘ゴールドクレスト’／シースターファーン／リューカデンドロン(ジェイドパール、プルモサス)／スプレーブルニア／スターリンジア／チランジア・ウスネオイデス／マツカサ

CHAPTER 03

individuals

作家紹介

本書にて掲載した各作家を紹介。
それぞれの活動や、インスピレーションの源。
並びは、順不同

A_harusame_

髪とパール。

profile ;

帽子作家兼フローリストとして、20 余年のいけばなの歴史を持ち、日々植物と共に在る生活を送る。コンセプトは「無駄で優雅なコト、すべて！」いかなるジャンルも全方位に発表する決意を持ち、限りある時間との挑戦を続ける。植物のポテンシャルに委ねると、人間の意図を超えた世界観が生まれ、まだ見ぬ“カワイイ”を愉しめる。自然の変化の妙を観察することも、また一つの喜び。

掲載ページ	p046、047、058、071、120、121、218
インフォメーション	Instagram@ goldberg5gould

emigreenmoon

原 恵美

profile ;

自然が自慢の富山県黒部市で、店舗を持たずに 20 年間花屋を営む。自然の中にいると、その景色自体が教科書だと思えるようになる。そのような毎日を作品にするということを心がけ、制作を続けている。

掲載ページ	p195
インフォメーション	Instagram@ emigreenmoon

evelyn

エマハミ

profile ;

20数年前にママ友から誘われてフラワーアレンジメントを始める。英国のトラディショナルなトライアンギュラーやクレッセントなどの造形に加え、ブーケやコサージュ等々。現在は楽しむ程度に教室を開いたり、庭で80株以上のバラを育てている。リースを作る時も、ブーケを束ねる時も、自分の庭で咲いている花を使えたら素敵だと思っている。子供のころに母と作ったシロツメクサだけの花輪などを思い出し、楽しさとワクワク感がインスピレーションに繋がる。

掲載ページ	p128、217
インフォメーション	Instagram@ drop4_evelyn

Fcrown

橋本 冠斗

profile ;

洗練されたデザインで都会的な花づくりを行い、花の歴史を確固として継承しつつ深化し、花の新たな可能性、美を追及することをコンセプトとする。花のもつエネルギーを清く引き出し、一輪から広がる空間づくりを提供する。デザインを考える際は新しいものを取り入れ、花以外のことから着想を得ている。美術大学出身で、グラフィックやテキスタイル、彫刻、建築も学んでいるため、クリエイティブな空間で1日を過ごすことが多く、これがインスピレーション源となっている。

掲載ページ	p182
インフォメーション	https://fcrownflower.theshop.jp/ Instagram@ fcrown__

Flower shop SUNFLOWER

齊藤 哲裕

profile ;

Flower shop SUNFLOWERのオーナーであり、厚生労働省認定フラワー装飾一級技能士、オランダ王国認定 Lovelily Ambassador。さまざまなフラワーデザインコンテスト全国大会で上位入賞し、農林水産大臣賞、山形県知事賞、他各賞を受賞している。「リリープロモーションジャパン × 植物生活 BOTANICAL PHOTO AWARD ユリデザイン作品（第二弾）」で最優秀賞、優秀賞を受賞。全国各地でのデモンストレーション、講習会を行う傍ら神社などでのイベントを企画運営を行なっている。

掲載ページ	p010、050、055、068、117
インフォメーション	https:// sun-f.ocnk.net/ Instagram@ kotetsu.fs

I'm a flower

Misa Mochizuki

profile ;

花好きとして長年、花と共に楽しく過ごす日々を送る。現在、花や植物による表現活動と、花とより親しくなれる環境作りに取り組む。ワークショップや都内大型施設への出店など、さまざまな経験を重ね、活動の幅を広げつつある。花との関わりから生まれるわくわく感を、作品や活動を通じて伝える。植物や花のスタンダードとは異なる視点での切り取り方、広がりのある可能性、独自性に意識を向ける。他ジャンルの造形物やアート、クリエイティブからインスピレーションを受け、その先にそれらとの融合を目指す。

掲載ページ	p111、211
インフォメーション	contact@romantics00.net Instagram@romantics00_flower

HANARA

中野 真弓

profile ;

桜が舞い散る春の暖かな日、子供の手を引きながら歩く道。そこで草花が放つまばゆい煌めきに心を奪われ、花と共に過ごす生活が始まる。フラワーサロン「HANARA - ハナラ -」は、完全予約制・少人数制。趣味として花と向き合いたい人、新たな資格を目指す人と共に、花の楽しさを共有する。作り物ではない自然そのものでありながら華やかさを感じる作品作りをし、花と戯れる楽しさをレッスンで伝える。

掲載ページ	p034、098、106、129、130、131、132、150
インフォメーション	Instagram@hanara.flower https://hanara-flower.amebaownd.com/

hiromi

profile ;

レコード会社勤務をしながらフラワーデザイナーとして活動。現在もスクールで技術を磨き続ける。「お花のある暮らし」を広めるために、コラム投稿やワークショップを開催している。草花、蕾、蔓性植物を好み、動きのあるスタイルと色使いで人気を集める。SNSでは植物好きが集まり、約30,000のフォロワーを持つ。植物の自然な姿、色、表情。それに加えて道端に咲く草花、雑貨、インテリア、ファッションなど日常で出会う魅力ある全てのもの。それらの魅力に季節、感情、空間などの感覚的な要素と「私らしさ」をプラスする。

掲載ページ	p020、032、044、051、080、083、084、087、092、093、107、108、118、127、144、145、154、167、180、191、216
インフォメーション	Instagram@hiromibloom https://shokubutsuseikatsu.jp/users/hiromi/

Lee Love Life

YOSHIE

profile ;

兵庫県西宮市在住。アロマのヒーリングサロンを営みながら、フラワーアレンジメントやアート、アロマ雑貨、天然石アクセサリーなどの制作を行っている。

掲載ページ	p119
インフォメーション	Instagram@leelovelife66 petitlapin6686@gmail.com

loose leaf

塩田 恭子

profile ;

子供の頃から植物が好きで、百科事典を片手に庭の草木を調べて楽しむ。結婚後、ドライフラワーの魅力に取り憑かれ、現在は２ヵ国目の海外生活を送りながら、リースや雑貨を思うままに作り生活に取り入れている。国によって手に入る花の種類は異なり、生花からドライにする過程は日々の学び。現在はアメリカの田舎町在住で、時々日本に帰国。普段の生活が自然に流れ始めると、そこに心の癒しのスポットを作りたくなる。普段の空間をセピア色に例え、そこにカラーの要素を加える感覚。作る時の気分に任せ、自由に作品を作っている。

掲載ページ	p101、202
インフォメーション	Instagram@kyoko_loose_leaf

mayu32fd

高橋 繭

profile ;

多摩美術大学デザイン科卒業後、デザインプロダクションでグラフィックデザイナーとして働きつつ、花道を学び師範を取得。フラワーショップ主催のレッスンにも通い、ブーケやリースづくりを学ぶ。日々の花の作品はインスタグラムで公開し、アーティフィシャルフラワーのブーケはハンドメイドマーケットプレイスで販売中。植物生活「ボタニカルフォトアワード」で優秀賞多数。同サイト内でコラムを掲載中。

掲載ページ	p008、109、116
インフォメーション	Instagram@mayu32fd

Mitsuki Ciołka

Lynn flowers

profile ;

29 歳の時にニュージーランド留学中、通学バスの窓から見かけた花屋に心を奪われ、花の世界へ飛び込む。帰国後も花屋、ブライダル業界などで働きつつ、Lynn flowers としての活動を開始。屋号は留学でお世話になったニュージーランドの花屋、Kae flowers がある地「Grey Lynn」から取った。ニュージーランドの気候や空気感を感じさせるような、さっぱりとした作品作りを心掛ける。多くの人の毎日が、花とともに彩り豊かなものであることを願う。

掲載ページ	p105、114、201
インフォメーション	Instagram@lynn._flowers lynnflowers1512@gmail.com

miyu

tobiusagi

profile ;

華道を幼少期より学び、正教授免許を取得。花やアクセサリーを中心とした雑貨店「tobiusagi」を2011年に創業。さまざまなアレンジメントの制作や教室も展開し、企業の商品開発やサンプル制作を手がけるボタニカルスタイリスト。創作のテーマは「心に笑顔の花が咲くようなメッセージ」。季節の変化を見せる花・植物や、その風景や天候、古くからの風習や行事からインスピレーションを得ている。

掲載ページ	p103、173、193
インフォメーション	shopinfo@tobiusagi.com Instagram@tobiusagi_miyu

natural dried flower「Plaisir」

Plaisir by midori

profile ;

花や葉がドライフラワーになることを通じて「再び息吹かれる」作品作りを目指す。幼少期よりクラシックピアノを学び、日常生活や音楽を通して感じたことがナチュラルクラフトとどう繋がるかを探求し、それを直感と経験で表現することに重きを置く。

掲載ページ	p122
インフォメーション	517pf.midori@gmail.com Instagram@plisir.midori

NP

高野 のぞみ

profile ;

季節ごとに出会う自然の素晴らしさや、植物の異なる姿や魅力を様々な角度から伝えたい。そんな気持ちを込め、花や植物を使った作品を中心に、日々の生活や心が豊かになるきっかけを幅広く提案、提供している。

掲載ページ	p018、038、039、048、052、059、066 072、073、074、075、086、100、102、 115、123、126、146、147、148、164、 169、170、219
インフォメーション	Instagram @nonpan123 https://npflower.official.ec

OOCO

オーコ

profile ;

大阪在住のドライフラワー作家。保育士時代、子どもたちと草花に触れることから、植物の魅力に気付く。それ以来、独学で 10 年以上ドライフラワー制作を続けている。大好きな花に囲まれて暮らしながら、植物の魅力を表現できるような作品作りを心掛けている。

掲載ページ	p088、166、176
インフォメーション	Instagram@ooco.dryflower

toccorri

野澤 友絵

profile ;

2017年リース作家として活動開始。植物の種とスパイスを使って花を咲かせる「種花®」作品を中心に制作。植物生活フラワーリースフォトコンテスト 優秀賞。植物生活ボタニカルフォトアワード ホワイトデザイン優秀賞。誠文堂新光社『ドライフラワーの活け方』掲載。制作のインスピレーションの源は、第一に、季節。季節ごとにリースを掛け替え愉しむ暮らしを想像しながら、使う素材や色味を整えていく。他には、心惹かれるリボン、主役にしたい素材、オーダーいただいた方の雰囲気、まとうオーラなどをもとに制作するイメージを作り出している。

掲載ページ	p016、053、161、162、163、
インフォメーション	Instagram @toccorri

Tomomilky

made in Love

profile ;

横浜出身、生花店勤務歴8年、ハシグチアレンジメンツ所属、慣れ親しんだ横浜を拠点にフローリストとして活動。可愛らしいものがとにかく大好きで、趣味でフラワーアレンジメントやアクセサリーを作っている。これからも沢山の作品を素敵に作って発信していきたい。作品を作る時は色の組み合わせを一番に考えることが多く、他にも自然の成り立ちを観察している。服飾系の専門学校に通っていたことがあり、服装史やファッション雑誌からインスピレーションを得たりしている。

掲載ページ	p174
インフォメーション	Instagram@made.in.love.t Instagram @ tomomilky.made.in.love

un plus+

アンプリュス　舛田 裕子

profile ;

短大在学中いけばな本源遠州流に入門。その後 OL をしながらフラワーアレンジを学び、1992 年花森・森春雄氏に師事。1 年後、花森フラワーレッスンスタジオ講師となる。その後、併設のフラワーショップに勤務・翌年店長に。2004 年独立 un plus +アンプリュス設立。フラワースタイリストとして活動中。花のある暮らしを楽しんでいただけるように“これならすぐ出来そう♪”をコンセプトに 身近にあるものを使った大人可愛いコーディネートを提案している。

掲載ページ	p057、125、160、168
インフォメーション	Instagram@unplus473

VOICE OF PLANTS

宇田 浩子

profile ;

京都 vice × versa flower school にて JPFA のプリザーブドフラワースキル、DFA スタイルの生花アレンジ、オリジナルデザインの基礎等を学ぶ。花に触れている幸福で無心な時間、そんな時間をシェアできる活動を目指している。自然の営みの中で植物が変化していくのを見るのが好き。その時感じた驚きや感動が作品を作る力になる。

掲載ページ	p012、070、133
インフォメーション	http://voice-of-plants.com Instagram @ voiceofplants14

サンフラワー ナチュレ店

長嶺 奈奈

profile ;

島根県益田市にある小さな花屋。贈る気持ちを大切にオンリーワンの商品作りを心掛けている。花育教室やアレンジ教室など各種教室を主に花やグリーンのある暮らしをサポート。花の表情の見せ方やテーマなどを考えながら製作している。

掲載ページ	p079、081、183
インフォメーション	Instagram@sunflowernature http://sunflowerflorist.jp/

Le Fleuron

中本 健太

profile ;

20代後半から本格的に植物の勉強を始め、現在店舗をもたずに活動中。花と植物と向き合い、言えない言葉、伝えられない気持ちを、作品や写真で表現している。「ルフルロン」は花飾りの意味。誰もが花を飾り穏やかに愛でる日常を願って、心に残る花飾りとなるように ひとつずつ丁寧に仕上げている。山や川辺を歩く、月や星を眺める、風の音、雨や雪の姿。そんな自然をそばに感じる時、忘れたくないと思う景色に出会った時に自然の影響力を大きく受ける。心が動いた瞬間や感情が揺れた瞬間、日々のなんでもない時にふと訪れる感情からも強くインスパイアされる。

掲載ページ	p022、036、043、056、061、062、063、064、065、069、090、091、095、112、113、124、142、158、175、178、179、189、199、200
インフォメーション	Instagram@le_fleuron la.parfum.des.lilas@gmail.com

下岸 尚子

ちぐさ

profile ;

千葉県にて、草花を自然に寄り添うような手法で乾かし、作品製作。自作のリースを販売したイベントをきっかけに、通信講座を3年半受講し、基礎から技術を学ぶ。自己研鑽を重ね、現在はWebやマルシェ、委託先での作品販売を行なっている。四季折々の自然の景色や音が感じられる作品作りに力を注ぐ。インスピレーションの源は道端の草花、自然の景色、音楽、美しい言葉。

掲載ページ	p077、141、153、156、177、187、198、214
インフォメーション	chigusa.iroha@gmail.com Instagram@chigusa.iroha

華屋・リンデンバウム

眞木 香織

profile ;

20年近いフローリストとしての経験を活かしフラワー講師、作家として活動。東急ハンズの委託販売や、週末は東北から関東を中心にイベントでのワークショップ、フラワーインテリアの販売を行う。山形の自然を愛し、空、山、川、そこにある日常から感じ取った今を花と向き合い、色、形を頭で描き出す。

掲載ページ	p035、049、054、060、067、089、097、138、139、140、157、186、213
インフォメーション	Instagram@hlindenbaum c10mk16@gmail.com

君成田 隆志

profile ;

フラワーアーティストのアシスタントを機に花業界に足を踏み入れる。現在はフリーランスとして活動し、作品を作る上で贈る人と贈られる人のcolorを探し、喜んでもらえる作品作りを心掛けている。建築、アート、音楽、ファッションなど街中からインスピレーションを得ている。

掲載ページ	p040、041、082
インフォメーション	kiminarita.takashi@gmail.com Instagram @ takashi_kiminarita

山下 真美

hourglass

profile ;

生花店勤務やフラワースクールのアシスタント・専任デザイナーとしての経験を積み上げ、資格も取得。現在は札幌市にてオーダーメイドでの制作、雑貨店などでの販売、カフェでのレッスンを行っている。よりシンプルに、ナチュラルに。いつもの暮らしに溶け込むような作品作りを心掛けている。そして私らしく。

掲載ページ	p024、096、104、155、184
インフォメーション	https://www.flower-hourglass.com Instagram @ hourglassm

plus F.

秋山 恵美

profile ;

小さい頃の夢は“お花屋さん”。店舗やアトリエは構えていないものの、夢に近い花作家として活動。花が毎日の生活に少しでも癒しと彩りを添えることを願っている。植物生活 BOTANICAL PHOTO AWARD「フラワーリース」優秀賞。それぞれの季節の花や葉が一番美しく輝いている生花の状態からリースを作り、ドライになりゆく姿やドライ後の色の移り変わりも楽しんでもらいたいと考えている。

掲載ページ	p045、099、110、143、190、215
インフォメーション	Instagram @meg_u0725

深川 瑞樹

ハナミズキ / 花と枝葉

profile ;

佐賀県佐賀市にて活動。自分の感性に基づき選ぶ花々や枝葉、ドライを使い、特別な日の花贈りや空間装飾を手掛ける。カタチはいつか消えても、記憶に残る花仕事を心掛けている。映画や物語、神話や伝承などで目にする幻想的な風景を植物同士の組み合わせで再現。想像や空想は楽しい。

掲載ページ	p030、031、037、078、085、094、159、181、192、203、204、205
インフォメーション	Instagram@hanamizuki_saga https://www.threads.net/@hanamizuki_saga

西口 晶代

Plants Cafe コハルビヨリ

profile ;

ボタニカルアーティスト。花とカフェのお店「Plants Cafe コハルビヨリ」代表。花束にして植え込むプランツギャザリングをはじめ、ドライフラワーリースやスワッグを制作、植物が身近にある暮らしを提案する。

掲載ページ	p033、185
インフォメーション	https://www.koharubiyori2017.com/ Instagram @koharubiyori18

大江 由美

アトリエワイフルリール

profile ;

大手企業でインテリアの仕事を経験し、資格取得後国内外の著名デザイナーから学ぶ。2008 年よりアトリエワイフルリール主宰。花のある日常を愉しむことをコンセプトに活動。仙台市内アトリエのレッスン以外にも、カルチャーセンターや小学校、住宅展示場、企業研修での外部レッスンも受けている。季節感と花の魅力を伝えることを大切に。旅や散歩で出会う美しい風景や、料理やお菓子の美しい盛り付けからインスピレーションを受ける。

掲載ページ	p135、194、196、210
インフォメーション	info@atelier-y-fleurir.com www.atelier-y-fleurir.com

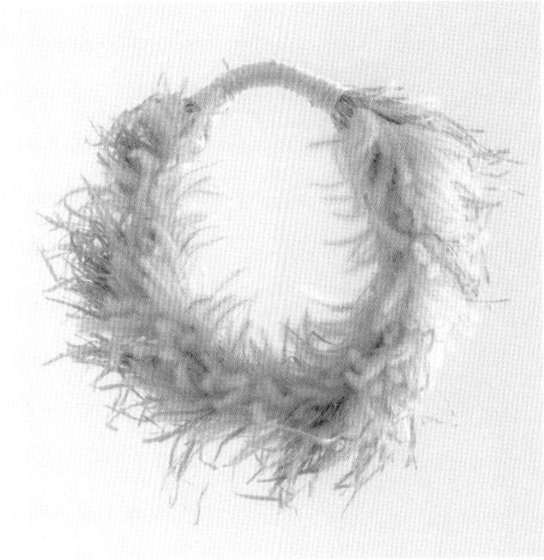

保のか

ヤマモトマサコ

profile ;

山口県光市出身。祖母が華道の師範であったことから、幼少期より自然や　花に親しむ。大手出版社、地元 PC 関連会社で OL 生活を送りつつ、地元市内生花店オーナーと出会い、約 9 年の修業。その後、独立。「保のか」として 1 人花屋を営む。幼少期より親しんだ地元、山口県の自然の豊かさに影響を受ける。仏像拝観が趣味。花屋修業時代からジャンルを問わない出会いを通じ、多様な考え方を学ぶ。日々心豊かに。

掲載ページ	p042、188
インフォメーション	http://honoka73.jp

暮らしと花 nico

ニコ

profile ;

専門学校卒業後、横浜市のフランス料理店に専属フローリストとして入社。3 年目からチーフデザイナーとして一組一組のオリジナルレストランウエディングを手掛ける。生け込みやディスプレイ、ドレスデザインやウエディング雑誌の撮影等を経験。結婚、出産を経て、植物の限られた命と新しく与えられた命を大切にした作品作りを行う。絵画や陶器、アンティークなどからインスピレーションを得て、また、山や海、季節の移り変わりから感じたものを自分の世界観に表現している。

掲載ページ	p014、076、134、149、152、165、171、172、206、207、208、209
インフォメーション	Instagram@yu.yu.nico 350.yukiko@gmail.com

六花 rocca

平野 由紀

profile ;

福岡県久留米市の生花店で20年ほど店員として勤務後、熊本県山鹿市に移住。平山温泉街の山の中に小さな花屋カフェをオープン。夫と看板犬のトラと共に日々穏やかに営業。静かな山の中での暮らしから季節の移り変わりや風の音、鳥の声などがインスピレーションの源になる。

掲載ページ	p136、137、151、197、212
インフォメーション	https://www.hanarocca.com Instagram @cocoro_daa_

植物生活とは

what's about

「植物はなにげなく、いつもわたしのそばに。わたしとあなたの日常にある植物」を
コンセプトとした情報サイトです。

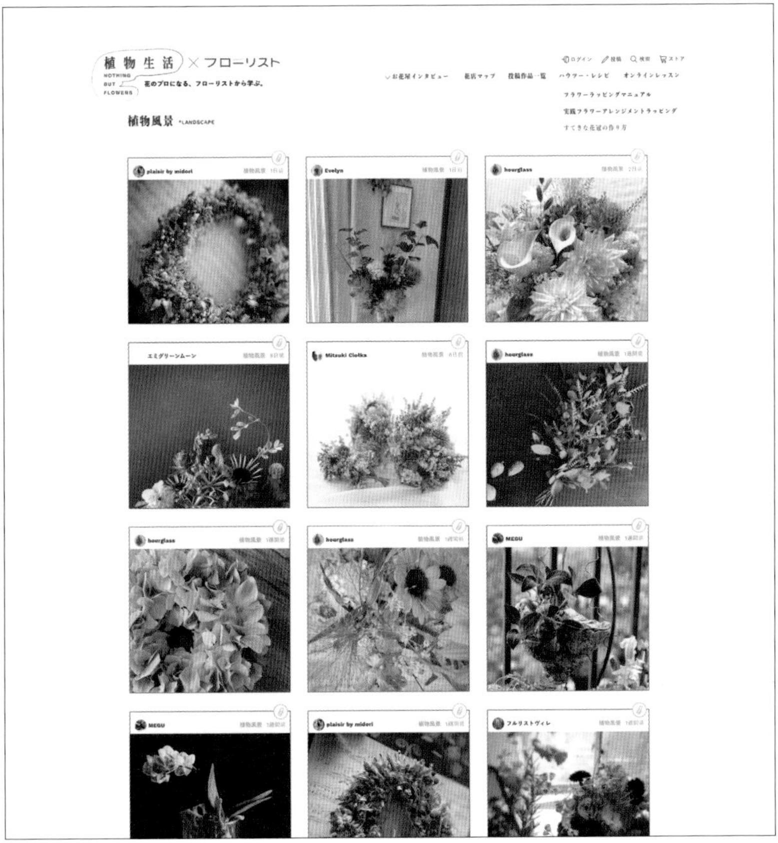

専門家による楽しいコラムや、フラワーデザインのためになる記事が満載。また、全国の選りすぐりのお花屋さんも掲載しているので、お気に入りのお花屋さんが見つかります。 だれでも自分が育てた植物や、作ったフラワーアレンジメントなどが投稿でき、そのほか、各種コンテスト情報などをお届けしています。

https://shokubutsuseikatsu.jp

A COMPILATION OF

FLORAL WREATHS

カバー写真：中本健太（Le Fleuron）
編集：原澤牧子（kaika）
デザイン：木村豊司（T.A.T）

植《しょく》物《ぶつ》生《せい》活《かつ》BOOKS

フラワーリースの見《み》本《ほん》帖《ちょう》

2023年9月8日　発　行　NDC793

編　　集　植《しょく》物《ぶつ》生《せい》活《かつ》編《へん》集《しゅう》部《ぶ》
発 行 者　小川雄一
発 行 所　株式会社 誠文堂新光社
〒113-0033 東京都文京区本郷 3-3-11
電話 03-5800-5780
https://www.seibundo-shinkosha.net/
印 刷 所　株式会社 大熊整美堂
製 本 所　和光堂 株式会社

ISBN978-4-416-52376-6